DR. ROLAND HÄRTEL-PETRI
HEIKO HAUPT

CRYSTAL METH

Bibliografische Information der Deutschen Nationalbibliothek:
Die Deutsche Nationalbibliothek verzeichnet diese Publikation in der Deutschen Nationalbibliografie; detaillierte bibliografische Daten sind im Internet über http://d-nb.de abrufbar.

Für Fragen und Anregungen:
crystalmeth@rivaverlag.de

Originalausgabe
1. Auflage 2014

Nymphenburger Straße 86
D-80636 München
Tel.: 089 651285-0
Fax: 089 652096

Redaktion: Caroline Kazianka
Umschlaggestaltung und Layout: Maria Wittek
Umschlagabbildung: ddp images / Joerg Koch
Satz: Maria Wittek / Georg Stadler, München
Druck: GGP Media GmbH, Pößneck
Printed in Germany

ISBN Print 978-3-86883-366-9
ISBN E-Book (PDF) 978-3-86413-466-1
ISBN E-Book (EPUB, Mobi) 978-3-86413-467-8

DR. ROLAND HÄRTEL-PETRI
HEIKO HAUPT

CRYSTAL METH

riva

»Es war schrecklich, mir selbst zuzusehen, wie ich langsam Stück für Stück verschwand. Aber das war nicht das Wichtigste in meinem Leben, ich war nicht das Wichtigste in meinem Leben. Nicht einmal mein Leben war das Wichtigste in meinem Leben. Mein Leben musste sich mir unterordnen, und das bedeutete, dass es sich Crystal unterordnen musste. Es gab nichts, was mein Leben machen konnte, um mich von der Droge wegzubringen.«

Mara S.

INHALT

VORWORT

Batteriesäure, Farbverdünner, Abflussreiniger – kaum ein vernünftiger Mensch würde diese Substanzen freiwillig zu sich nehmen. Doch sie sind typische Grundstoffe einer Droge, die in großen Schritten Deutschland erobert: Crystal Meth, auch bekannt als Crystal Speed, Ice, Crank oder einfach nur Crystal.

Die namensgebenden Kristalle aus Methamphetamin haben bereits Bundesländer wie Sachsen, Thüringen und Teile Bayerns fest im Griff und breiten sich von dort weiter aus, ohne dass die Öffentlichkeit von dem Problem überhaupt Notiz nimmt. Dabei ist Crystal gefährlicher als der überwiegende Teil der bekannten Drogen – weil es anders ist.

Wer Crystal konsumiert, der sucht nicht die betäubende Wirkung, die etwa Cannabis oder auch Heroin zugeschrieben wird. Der neue »Stoff« ist ein Produkt einer anderen, einer modernen Zeit: Crystal wird genommen, weil es aufputscht, weil sich die Konsumenten davon mehr Leistungsfähigkeit, einen klareren Verstand und manchmal auch besseren Sex versprechen. Das bedeutet aber auch, dass Crystal eine andere und weit größere Zielgruppe anspricht als die klassischen betäubenden Mittel. Der Geschäftsmann nimmt es, weil er länger arbeiten will, die Hausfrau, weil sie abnehmen möchte, schließlich dämmt Crystal auch das Hungergefühl.

Nur: Crystal hält keines der Versprechen ein. Wer leistungsfähig sein will, arbeitet mit der Droge zwar Nächte durch, ohne auch nur einmal zu gähnen, doch er bringt nichts mehr auf die Reihe. Die Hausfrau verliert zwar reichlich Pfunde – außerdem aber auch ihre Zähne und ihre Gesundheit.

Das größte Problem jedoch besteht darin, dass ein Crystal-Konsument kaum mehr die Möglichkeit hat, solche Probleme überhaupt zu erkennen. Die Macht der Kristalle beruht nämlich vor allem darauf, dass sie im Gehirn Glücksgefühle erzeugen, die den Verstand die nachteiligen Wirkungen überhaupt nicht mehr realisieren lassen.

Außerdem gibt es kaum eine andere Droge, die so schnell abhängig macht wie eben Crystal Meth. Zwar führt im Endeffekt jede Droge zur Sucht, bei Crystal aber gibt es kaum einen Ausweg. Das hängt vor allem damit zusammen, dass es reiner ist als andere Suchtmittel. Wobei »rein« bei einer chemischen Mixtur aus Batteriesäure, Farbverdünner und anderen Substanzen natürlich ein relativer Begriff ist. Gemeint ist nicht eine Reinheit, die sich auf die körperliche Verträglichkeit bezieht. Es geht vielmehr um die Reinheit im Hinblick auf die sogenannten Wirkstoffe – also jenen Anteil des Inhalts, der die Wirksamkeit einer Droge ausmacht.

Bei einem bekannten Suchtmittel wie Kokain wird in der Regel von einem Reinheitsgrad um die 25 Prozent ausgegangen. Zieht ein Süchtiger eine »Linie« durch die Nase, dann ist also nur ein Viertel des Pulvers wirklich Kokain, der Rest setzt sich aus unterschiedlichsten Streckmitteln zusammen.

Bei Crystal Meth dagegen liegt der Reinheitsgrad meistens bei über 70, nicht selten sogar 90 Prozent. Nimmt ein Konsument also eine von Kokain bekannte Menge zu sich, ist der Rausch deutlich intensiver und anhaltender, was ohnehin schon ein weiteres Merkmal ist.

Zusätzlich führt die größere Menge an Wirkstoff auch dazu, dass die Sucht viel schneller eintritt und den Menschen kaum wieder loslässt.

Häufig setzt schon der erste Konsum von Crystal Meth einen kaum mehr aufzuhaltenden Kreislauf in Gang. Der Mensch spürt ein Glücksgefühl, gleichzeitig beginnt Crystal aber bereits mit der Zerstörung des Körpers. Im Laufe der Zeit empfindet der Nutzer sich als immer leerer und braucht Crystal, um dieses Gefühl zu überspielen. Die Realität gerät dabei immer weiter in den Hintergrund, sodass auch körperliche Probleme wie etwa Zahnausfall und eitrige Wunden gar nicht mehr wahrgenommen werden. Die Wirkung des Crystal hat den Nutzer so sehr im Griff, dass er keinen anderen Ausweg mehr sieht, als immer mehr von der Droge zu sich zu nehmen.

Die Zahl derer, die erstmals Crystal probierten, stieg in Deutschland binnen eines Jahres um 51 Prozent: Laut dem Bundeskriminalamt und der Drogenbeauftragten der Bundesregierung lag die Zahl der Erstkonsumenten im Jahr 2011 bei 1693, im Jahr 2012 schon bei 2556, Tendenz steigend. Damit hat Crystal bei den Einsteigern Heroin als beliebteste harte Droge bereits abgehängt. Und das ist nur die Spitze des Eisbergs – längst nicht jeder wird erwischt und gerät so in die Statistik, die Dunkelziffer ist groß.

Dieses Buch beschreibt die verheerende Wirkung des Crystal, gibt Einblick in die Arbeit von Suchtmedizinern, Streetworkern und informiert auch über die aktuelle Lage in Deutschland.

Außerdem berichten ehemalige Süchtige von ihren Erlebnissen. Diese Menschen befanden sich zum Zeitpunkt der Gespräche überwiegend in einer Langzeittherapie, was bedeutet, dass sie ein halbes Jahr lang mit der Hilfe von Ärzten und Therapeuten auf ein Leben ohne Drogenkonsum und außerhalb der Drogenszene vorbereitet werden. All diese Menschen sind auf ihre Weise vom Crystal-Konsum gezeichnet, meist seelisch und nicht selten auch äußerlich. Sie alle plagen sich mit Ängsten und tun ihr Bestes, um ihr Leben wieder in den Griff zu bekommen.

Die geführten Gespräche über ihre eigenen Suchterfahrungen bedeuteten für diese Patienten während ihrer Therapiephase eine zusätzliche Belastung. Denn keinem fiel es leicht, in Erinnerungen an die schwerste Zeit seines Lebens zu kramen.

Es wurde dabei auch schnell deutlich, dass die Betroffenen mehr Schutz benötigen als eine Person ohne Suchthintergrund, die sich im Rahmen eines Buchprojektes äußert. Daher wurden umfangreiche Maßnahmen abgestimmt, die dem Schutz dieser Menschen dienen – damit ihnen ihre Berichte nicht bei der Rückkehr in das normale Leben Probleme bereiten. Alle Interviewpartner wurden daher so weit anonymisiert, dass es keine Möglichkeit gibt, ihre wahre Identität zu erkennen. Das gilt auch und vor allem für Mara S., die besonders ausführlich über ihre 15 Jahre andauernde Crystal-Sucht spricht. Niemand kann heute sagen, ob Mara S. dauerhaft den Kampf gegen die Sucht gewinnen wird. Denn Crystal lässt niemanden so leicht wieder los. Dieses Buch soll ihr jedoch keinesfalls bei den ersten Schritten in eine neue Zukunft im Wege stehen.

TEIL 1

HIGH

Mara S.: **Wahrheit und Lüge**

Nennen Sie mich Mara. Ich denke, das ist ein Name, der zu mir passt. Er ist kurz und klar, wirkt nicht verspielt oder gar mädchenhaft – denn das würde nun wirklich nicht der Realität entsprechen. Ich werde Ihnen die Wahrheit erzählen. Aber damit ich das kann, muss ich in einigen Punkten lügen, so seltsam sich das vielleicht auch anhört. Was ich zu berichten habe, ist geschehen, was nicht stimmt, das sind Namen, Orte und manchmal auch Jahreszahlen. Für beides, Wahrheit und Fälschung, gibt es einen Grund: Crystal.

Für die meisten Menschen ist Crystal nur eine Droge von vielen. Eine synthetische Substanz, die abhängig macht und verboten ist. Doch Crystal ist mehr als das – es gibt dir für einen Moment alles, dann nimmt es dir bis in alle Ewigkeit alles.

Für mich war es mein bester Freund, mein einziger Vertrauter, meine Liebe, mein Leben. Mit Crystal erlebte ich wundervolle Momente, die sich allerdings auf eine chemisch erzeugte Fantasiewelt beschränkten – wie ich heute weiß.

Ohne dass ich es wirklich realisierte, ist gleichzeitig um mich herum und in mir alles zerbrochen: Meine Familie ist kaputtgegangen, mein Leben ist kaputtgegangen, meine Gesundheit, mein Körper – kaputt.

Zum ersten Mal genommen habe ich Crystal mit 15, das war vor fast 15 Jahren. Was in der Zwischenzeit geschehen ist, davon habe ich kaum etwas mitbekommen. Meine Welt bestand aus Crystal, Crystal und noch mal Crystal.

Selbst als die Droge mich fast getötet hat, als ich auf der Intensivstation lag und dem Tod näher als dem Leben war, empfand ich das nicht als Grund aufzuhören. Nach der Entlassung aus dem Krankenhaus, die Verbände noch auf dem Körper, gab es für mich nur einen Gedanken: Ich brauche Crystal.

In all den Jahren habe ich viele Dinge getan, auf die ich nicht stolz bin. Ich habe geklaut, war beteiligt an einer Raubserie, in der die Polizei lange ermittelt hat. Mich hat man allerdings nie erwischt. Wenn ich wusste, dass es kritisch werden konnte, habe ich andere vorgeschickt - auch so eine Sache, auf die ich nicht stolz bin.

Aber für mich ging eben alles um Crystal, und Drogen kosten Geld. Damals war mir jedes Mittel recht, um genügend Kohle zusammenzubekommen für das nächste Gramm. Vermutlich macht mich das für einen Außenstehenden nicht gerade sympathisch. Und um die Wahrheit zu sagen: Ich weiß nicht einmal, ob ich sympathisch bin. Im Grunde habe ich nämlich gar keine Ahnung, wer oder wie ich bin. In meinem Leben gab es keine Zeit, in der ich über mich oder meine Persönlichkeit nachdenken konnte. So etwas wie eine Pubertät habe ich nie wirklich bewusst erlebt. Ich bin nicht bewusst erwachsen geworden. Wenn ich zurückdenke, dann gibt es nur zwei Zustände: eben noch Mädchen, jetzt Frau.

Nicht einmal an den Prozess eines langsamen Alterns kann ich mich erinnern. Ich weiß nicht, ob ich jemals in den Spiegel geschaut und vielleicht ein erstes Fältchen im Augenwinkel entdeckt habe. Wenn, dann vermutlich früher als andere Menschen. Denn auch in diesem Zusammenhang hat Crystal Meth ganze Arbeit geleistet.

Ich denke, dass ich grundsätzlich recht attraktiv bin. Ich bin schlank - was nach 15 Jahren Drogenkonsum auch nicht anders zu erwarten ist -, mein Gesicht hat ein Profil, das man wohl klassisch nennt, und meine halblangen roten Haare sind immer gepflegt. Mein Aussehen war mir stets wichtig. Vor allem war mir wichtig, dass Männer mich begehren, weil ich auf diesem Weg zu Geld oder

Crystal kam. Heute schauen mich Männer durchaus noch an, aber es sind andere Männer, ältere Männer. Denn ich sehe nicht aus wie eine Frau von Ende 20, auf die meisten Menschen wirke ich wie eine gut aussehende Enddreißigerin – mittlerweile weiß ich, dass auch das eine typische Folge von langem Crystal-Konsum ist. Ebenso wie der Verlust von Zähnen.

Ich hoffe, Sie haben jetzt einen Eindruck von mir bekommen und können verstehen, warum ich mich hinter einem Pseudonym verstecke. Aber es gibt noch mehr Gründe für dieses Versteckspiel. Der wichtigste von allen ist meine Zukunft, von der ich nicht einmal ansatzweise weiß, wie sie aussehen wird. Natürlich habe ich Wünsche und Ideen, was noch kommen soll. Aber ich absolviere gerade meine dritte Langzeittherapie, um endgültig von der Droge loszukommen. Langzeit bedeutet jeweils ein halbes Jahr Klinikaufenthalt. Nach der ersten Therapie bin ich rückfällig geworden, nach der zweiten auch. Im Nachhinein muss ich sagen, dass ich keine dieser Therapien mit dem wirklichen Wunsch absolviert habe, Crystal endgültig aufzugeben.

Jetzt, beim dritten Mal, habe ich zum ersten Mal in meinem Leben die ehrliche Absicht, die Sucht zu überwinden. Zum ersten Mal überlege ich mir, wie ein normales Leben aussehen kann. Niemals zuvor habe ich daran gedacht, mir einen Alltag mit einer geregelten Arbeit zu schaffen, vielleicht sogar einmal eine Familie zu gründen. Für mich bedeuten schon allein solche Überlegungen einen gewaltigen Fortschritt. Gleichzeitig macht mir diese Veränderung aber auch Angst. Ich erlebe jetzt ganz bewusst, wie labil ich bin, wie meine Stimmungen und auch mein Durchhaltewillen von Tag zu Tag, manchmal sogar von Stunde zu Stunde schwanken. Mal denke ich, dass ich es schaffen kann und schaffen werde, mal fehlt mir jedes Selbstwertgefühl und ich bin mir fast sicher, dass ich wieder scheitern und zurück in die Sucht fallen werde.

Gerade das ist neben meiner Vergangenheit der vielleicht wichtigste Grund dafür, dass ich mich nicht zu erkennen geben möchte. Auf der einen Seite wäre es schön, wenn ich in einigen Jahren auf diese Zeilen blicken würde und mir sagen könnte: Ich habe es geschafft, das alles liegt endgültig hinter mir, ich bin auch ohne Crystal Meth ein glücklicher Mensch geworden.

Nur weiß ich eben heute noch nicht, ob ich dieses Ziel wirklich erreichen werde, ob ich so stark bin und den Durchhaltewillen besitze. Ob ich auch ohne die tägliche Hilfe von Therapeuten und Ärzten drogenfrei leben kann.

Für mich ist die Vorstellung unerträglich, dass ich in Zukunft wieder auf Crystal wäre und dann diese Worte lesen müsste. Dass ich durch die Straßen laufen würde auf der Suche nach mehr Crystal, während die Menschen da draußen mich anschauen, weil sie mein Gesicht und meinen Namen kennen – und sich denken, die hätte es schaffen können, aber sie war nicht stark genug.

Trotzdem will ich alles erzählen. Wer meine Geschichte liest, muss mich nicht mögen – aber wenn sie auch nur einen Fünfzehnjährigen von einem jahrelangen Höllentrip mit Crystal abhält, dann hat sich diese Mühe gelohnt.

HEINRICH BÖLL UND DIE PANZER-SCHOKOLADE

So aktuell das Thema Crystal Meth heute auch ist, stellt das Problem an sich im Grunde eine Wiederholung dar. Denn schon einmal gab es eine Zeit, in der eine große Zahl der Deutschen Methamphetamin nahm und auch danach süchtig war. Nur hieß die Droge damals anders und wurde anders konsumiert.

Ende der Dreißigerjahre des vergangenen Jahrhunderts schrieb ein 22-jähriger Mann immer wieder regelrechte Bettelbriefe an seine Eltern. Darin erzählte er von seinem anstrengenden Tagesablauf, kam aber schnell zum eigentlichen Punkt: »Heute schreibe ich hauptsächlich um Pervitin.« Ein Thema, das in zahlreichen seiner Briefe auftauchte. »Vielleicht könntet ihr mir noch etwas Pervitin für meinen Vorrat besorgen?«, fragte er einmal. Bald darauf wurden seine Bitten dann immer dringlicher: »Schickt mir nach Möglichkeit bald noch etwas Pervitin.« Der Bittsteller unterzeichnete all seine Briefe mit »Euer Hein«.

Hein, das war niemand Geringeres als Heinrich Böll, der später zu einem der bedeutendsten deutschen Schriftsteller und zum Nobelpreisträger aufstieg. In den Jahren ab 1939, in denen die Briefe entstanden, war Böll jedoch dort, wo sich ein Großteil der jungen deutschen Männer aufhielt – als Soldat an der Front.

Über den Zweiten Weltkrieg ist viel geschrieben worden, unerwähnt blieb jedoch meist, wie Millionen von Soldaten die körperlichen Belastungen überhaupt bewältigten, wie sie Gewaltmärsche über zig Kilometer schafften, wie sie Hitze, Kälte und den alltäglichen Gewaltexzessen trotzen konnten. Die Antwort: mit Pervitin, einem Mittel, das nichts anderes als eine Frühform der Droge Crystal Meth darstellte.

Die grundlegende Substanz N-Methylamphetamin, kurz Methamphetamin genannt, synthetisierte der japanische Chemiker Nagayoshi

Nagai bereits im Jahr 1893. Der Pharmakologe Akira Ogata kristallisierte sie dann 1919.

In Deutschland beschäftigten sich die Temmler Werke in Berlin ab 1934 intensiv mit einem Verfahren zur Herstellung von Methamphetamin im industriellen Stil. Drei Jahre später war die Forschung so weit vorangeschritten, dass man ein Patent anmeldete, 1938 schließlich brachte Temmler das nun »Pervitin« genannte Produkt auf den Markt.

Versprochen wurde den Kunden ein wahres Wundermittel. Die Pillen aus der röhrenförmigen Dose mit dem blau-roten Etikett sollten im Grunde gegen alles wirken und noch viel mehr möglich machen. Pervitin, das half gegen Asthma und Kreislaufschwäche ebenso, wie es Depressionen den Garaus machte. Die chemische Verwandtschaft des Methamphetamin mit dem körpereigenen Adrenalin förderte nebenbei auch noch Ausdauer und Konzentration, ganz zu schweigen davon, dass der Konsument nach der Einnahme bester Laune war.

Das kam an und so gab es bald schon neben den reinen Pillen auch noch andere Produkte, die sich der Wirkung des industriell hergestellten Methamphetamins bedienten. Die sogenannte Hausfrauenschokolade etwa, also leckere Pralinen, deren Schokoladenüberzug mit einem guten Schuss Pervitin angereichert war – damit die Damen auch die nervtötendste Hausarbeit immer noch fröhlich verrichteten.

Als Pervitin auf den Markt kam, hatten die Machthaber jedoch längst alles andere als die fröhliche Hausfrau im Sinn. Sie bereiteten den Krieg vor und waren an allem interessiert, das die Soldaten in den bevorstehenden Schlachten fit halten würde. Schließlich ist im Krieg besonders die für den Menschen nach einer Weile so typische Müdigkeit, verbunden mit einem Aufmerksamkeitsverlust, eines der größten Probleme. Ebenso wie die Angst, die auch möglichst stark eingedämmt werden sollte, ohne dass gleichzeitig die Kampfstärke und Zielsicherheit beeinflusst werden durften.

Das Pervitin geriet daher schnell in das Blickfeld der Wehrmediziner. Kurz bevor der Überfall auf Polen gestartet wurde, testete man das Präparat am lebenden Objekt: Studenten wurden dazu verdonnert, über mehrere Tage ohne Schlafpause Aufgaben zu lösen. Einige Probanden bekamen zur Unterstützung Pervitin, andere ein Placebo – also identisch aussehende Pillen ohne jeglichen Wirkstoff. Das Ergebnis war durchaus überzeugend: Die einen lösten ohne Pause Aufgaben, die anderen gähnten, wurden unkonzentriert und schliefen schließlich ein.

Als der Krieg begann, war Pervitin an vorderster Front dabei. Die berühmt-berüchtigten Blitzkriege der Deutschen wären ohne die von oben verordnete chemische Unterstützung in den Körpern der Soldaten vermutlich kaum möglich gewesen. Methamphetamin half, dass Fußsoldaten an jedem Tag mehr als 50 Kilometer marschieren konnten, es nahm den Kämpfern die Angst und steigerte wohl noch die Angriffslust der Stuka-Piloten.

Nach dem Einmarsch in Polen ab September 1939 folgte von Mai bis Juni 1940 der Westfeldzug, bei dem in kürzester Zeit Luxemburg, die Niederlande und Belgien besetzt wurden und auch Frankreich kapitulierte.

In den Temmler Werken liefen die Maschinen in dieser Zeit auf Hochtouren. Denn die Soldaten vertrauten da schon fest auf die stimulierende Wirkung dessen, was sie verniedlichend Panzerschokolade, Stuka- oder Hermann-Göring-Pillen nannten. Allein in der Zeit zwischen April und Juni 1940 soll Temmler rund 35 Millionen solcher Pillen produziert haben.

Auch im Ausland wurde man bald auf das übermenschlich erscheinende Vorpreschen der Deutschen aufmerksam, britische Zeitungen berichteten über geheimnisvolle Wunderpillen, die den Soldaten fast übernatürliche Kräfte verliehen. Später sollten es die Alliierten dem Feind nachmachen und ihre Streitkräfte ebenfalls mit den »Wakey, wakey«-Pillen versorgen.

Noch aber waren es in erster Linie die Deutschen. Sie konnten auf eine Armee vertrauen, deren Soldaten mit jeder der billig produzierten Tabletten viele Stunden lang aufmerksam und kampfbereit waren. Sie wussten da noch nicht, dass sie einige Zeit später auch noch auf eine andere Nebenwirkung des Pervitin bauen mussten: Dass der Chemiecocktail unempfindlich gegen Kälte machte, ließ viele Kämpfe vor Stalingrad im tiefsten russischen Winter trotz mangelnder Ausrüstung überhaupt erst zu.

Zu dieser Zeit hatte man jedoch auch das eigentliche Problem des Methamphetamins bereits entdeckt. Menschen wie der Soldat Heinrich Böll forderten nicht einfach nur mehr Pervitin, weil sie damit den Krieg besser überstanden. Viele konnten gar nicht mehr anders – sie waren süchtig nach dem Mittel, die Substanz hatte sie längst abhängig gemacht. Im Grunde zog Nazideutschland also mit einem Heer von Junkies durch Europa. Doch nicht nur die Sucht, weitere Begleiterscheinungen von Pervitin weiteten sich ebenfalls mit der Zeit zu Problemen aus. Wie etwa die Tatsache, dass das Präparat auch Wahnvorstellungen auslöste – was gerade in einem Krieg schnell tödliche Folgen haben konnte.

All das wurde allerdings nicht nur zur Belastung für den gemeinen Soldaten, hohe Naziprominenz reihte sich ebenfalls in die Gruppe der Pervitin-Abhängigen ein. Ernst Udet etwa, hochdekorierter Jagdflieger des Ersten Weltkriegs und nun als Generalluftzeugmeister mitverantwortlich für die Luftwaffe: Nachdem der Krieg nicht mehr so perfekt lief, wie es anfangs geschienen hatte, griff Udet immer häufiger zu Alkohol und Pervitin. Nicht abwechselnd, sondern gerne auch gemeinsam. Als er wegen der militärischen Misserfolge immer stärker kritisiert wurde, erschoss er sich im November 1941 – vermutlich unter dem Einfluss seiner Rauschmittel.

An der Front wurde Pervitin vom Wundermittel immer mehr zum Ärgernis. So vertrauten die Befehlshaber zwar weiter darauf, dass die Kämpfer lang wach blieben. Nur mussten diese dafür nun auch immer mehr von der Droge bekommen. Außerdem fielen sie nach der langen Wachzeit überdurchschnittlich lange aus. Angeblich benötigten Pervitin-Konsumenten dreimal so viel Schlaf wie ihre Kameraden, die auf die Pillen verzichteten. Während des langen Russlandfeldzugs trat dann auch die stimmungsteigernde Wirkung der Tabletten nicht mehr im gewünschten Maße ein, vielmehr wurden immer mehr Soldaten nun auch noch depressiv.

Die Heeresleitung reagierte darauf exakt so, wie es heute jeder Crystal-Süchtige auch tun würde: Hilft die Droge nicht mehr, muss mehr von der Droge her. Also versorgte man die Frontkämpfer mit aufgestockten Pervitin-Vorräten und dazu reichlich Alkohol, ganz so, als hätte es den Fall Ernst Udet nie gegeben. Schließlich galt es mittlerweile ja nicht mehr nur, die Männer von Sieg zu Sieg zu führen, das war längst vorbei. Vielmehr mussten nun Niederlagen verkraftet werden, war der Verlust einer immer größeren Zahl an Kameraden psychisch irgendwie zu überstehen.

Der mittlerweile oft jahrelange Konsum und die immer höheren Dosen ließen jedoch weitere Nebenwirkungen folgen. Soldaten kämpften jetzt nicht mehr nur mit dem Feind, sondern auch mit ihren Psychosen. Sie fühlten sich verfolgt, hörten Stimmen. Und nicht jeder starb durch Feindfeuer oder erfror in eisiger Kälte – manchen raffte auch einfach die Droge durch Herzversagen dahin.

Schließlich erkannte die Reichsführung, dass es so nicht weitergehen konnte. Allerdings waren es zunächst die Menschen an der Heimatfront, die auf ihre aufputschenden Tabletten oder die Hausfrauenschokolade verzichten mussten. 1942 wurde Pervitin unter das Reichsopiumgesetz gestellt. Damit war der Genuss nun zwar nicht gänzlich verboten, das Präparat jedoch verschreibungspflichtig. Wie übrigens auch Heroin, das es seinerzeit gegen Rezept in der Apotheke gab.

An der Front dagegen schluckte man Pervitin weiter, nun allerdings nicht mehr in unbegrenzten Mengen, man schränkte die Rationen ein, gab die aufputschende Droge kontrollierter ab. Was den Soldaten ganz und gar nicht gefiel. Ausgelaugt, wie sie mittlerweile waren, wollten sie so viel wie möglich von dem Stoff, der ihnen das Weitermachen in einem aussichtslosen Krieg ermöglichte. Briefe, wie Heinrich Böll sie schon 1939 schrieb, waren daher nicht die Ausnahme. Zahllose Krieger baten auf diese Weise Freunde und Verwandte um Drogennachschub.

Natürlich wusste auch die Führung der Wehrmacht davon. Sie befand sich in einer Zwickmühle. Das Pervitin war notwendig, um die Kampfkraft der Armee zu erhalten, gleichzeitig sorgte es immer wieder für gefährliche Situationen und Todesfälle. Also bekamen Wissenschaftler den Auftrag, das Mittel zu verbessern und möglichst viele negative Nebenwirkungen auszumerzen.

Das führte zu einer besonders menschenverachtenden Nebengeschichte in diesem ohnehin rücksichtslosen Krieg. Schauplatz war das Konzentrationslager (KZ) Sachsenhausen. Dort gab es das sogenannte Schuhläufer-Kommando. Häftlinge wurden dazu verdonnert, für die deutsche Schuhindustrie neue Materialien zu testen, die als Ledersatz herhalten sollten. Zu diesem Zweck wurden sie über einen 700 Meter langen Prüfparcours gehetzt, mussten, beladen mit schweren Säcken, täglich zig Kilometer zurücklegen.

Diese Menschen galten den Machthabern als ideale Versuchsobjekte für die Forschung an einem optimierten Pervitin. Ihnen wurde eine Mischung verabreicht, die aus diesen Pillen sowie Kokain und Koffein bestand. Die perverse Idee dahinter: Man konnte die mögliche Mehrleistung durch den Drogencocktail beobachten, gleichzeitig wurden auch die Versuche mit den Schuhmaterialien intensiviert. Die so aufgeputschten Häftlinge sollen bis zu 80 Stunden ununterbrochen mit ihren Sandsäcken auf dem Rücken über die Prüfstrecke gelaufen sein. Bis zur totalen Erschöpfung oder bis zum Tod, was eine durchaus in Kauf genommene Folge sein konnte. Auch in anderen KZs wurden Häftlinge zur Pervitin-Forschung herangezogen. Man wollte beispielsweise wissen, wie viel Metamphetamin ein Mensch wohl vertragen kann. Es heißt, einige Insassen mussten testweise bis zu 100 Tabletten am Tag schlucken: Bei einem Amphetamingehalt von drei Milligramm pro Pervitin-Tablette entsprach das also einer Menge von 300 Milligramm – das ist mehr als die dreifache Tagesdosis eines durchschnittlichen Crystal-Users.

Den Kriegserfolg der Nazis beförderte das Pervitin bekanntlich nicht. Verlust folgte auf Verlust, doch das Mittel blieb dabei. Ganz zum Schluss, als selbst Schulkinder als letztes Aufgebot eingezogen wurden, bekamen auch sie die Tabletten, damit sie möglichst angstfrei kämpften und in den Tod gingen.

Mit dem Zusammenbruch des »Dritten Reiches« war es dann natürlich vorbei mit der kostenfreien Pervitin-Versorgung. Doch nicht nur der Krieg hatte die Menschen verändert, auch die Droge hatte das Ihre dazu beigetragen. Methamphetamin war in den Kriegsjahren für viele Soldaten zu einem gewohnten Begleiter geworden, die Kriegsheimkehrer wurden ihre Sucht nun natürlich nicht von jetzt auf gleich los. Wenn heute von den frühen Nachkriegsjahren erzählt wird, dann geht es häufig auch um die überall stattfindenden Schwarzmärkte, auf denen die Bevölkerung sich mit Zigaretten, Alkohol oder Schokolade eindeckte. Nicht erwähnt wird dabei meist, dass diese Märkte auch Drogenumschlagplätze waren, auf denen sich das nun nicht mehr uniformierte Heer der Abhängigen mit Pervitin oder vergleichbaren Substanzen eindeckte.

Von Heinrich Böll wurde berichtet, dass auch er nach dem Ende des Krieges nicht so schnell von seiner Droge lassen konnte, wie er es sich vielleicht gewünscht hätte – er soll noch eine ganze Zeit davon abhängig gewesen sein. Was damals aber allgemein nicht verurteilt wurde. Stellt heute ein Crystal-Abhängiger einen Außenseiter dar, einen Süchtigen, der entweder an dem Stoff zerbricht oder nur mit viel Hilfe noch den Ausstieg schafft, war der Drogenkonsum nach dem Krieg durch die große Masse der Abhängigen eine akzeptierte Sache. Man hatte damals so unfassbare Gräuel erlebt, dass der Genuss chemischer Substanzen kaum der Rede wert war. Das mangelnde Bewusstsein führte natürlich auch zu Fehleinschätzungen. Ein ehemaliger Soldat hatte Depressionen, verfiel zusehends? Das musste mit dem Erlebten zusammenhängen, über das er nicht hinwegkam – kaum jemand brachte das mit Pervitin in Verbindung. Auch für Selbstmord, Psychosen und was immer das Methamphetamin auslösen konnte, gab es zu jener Zeit ja genügend Erklärungen, die den Verdacht von Pervitin ablenkten. Es gab das Mittel wieder in ausreichenden Mengen in den Apotheken, man holte es sich und wurde nicht schief angesehen.

Wie selbstverständlich die Droge im Nachkriegsdeutschland war, das zeigte bald sogar Hollywood auf der Kinoleinwand. Im Jahr 1961 drehte der berühmte Regisseur Billy Wilder einen Film mit dem Titel *Ein, zwei, drei*: eine Komödie, die im Jahr des Mauerbaus in Berlin spielte und den Ost-West-Konflikt karikierte. Im Mittelpunkt stand der von James Cagney dargestellte Coca-Cola-Manager C. R. MacNamara. Die gesamte Handlung spiegelte den damaligen Alltag im Land wider, ließ sich gelegentliche Spitzen nicht nehmen – und nahm dabei auch auf den allgegenwärtigen Drogenkonsum Bezug.

Berühmt geworden ist vor allem eine Büroszene, in der Manager MacNamara von seiner Sekretärin gefragt wird: »Was möchten Sie in den Kaffee? Milch, Zucker?«

Der antwortet darauf völlig selbstverständlich: »Nur zwei Pervitin. Das wird heute ein anstrengender Tag!«

Zwar gab es zu dieser Zeit schon typische westliche und östliche Produkte. Pervitin aber war nach dem Krieg zunächst noch auf beiden Seiten des Eisernen Vorhangs zu bekommen. Dafür gab es einfache Gründe: So lagen die ursprünglichen Temmler Werke zwar im Osten Berlins. Die Geschäftsführung verlegte ihre Arbeit nach der deutschen Teilung aber zuerst nach Hamburg, später dann nach Marburg. In Ostdeutschland jedoch standen weiter die Produktionsanlagen. Die wurden zwar zunächst teilweise demontiert, doch nach einigen Jahren wurde auch dort die Produktion des Sortiments wieder aufgenommen, nun unter dem Dach der VVB Pharma Temmler-Werke.

Geändert hatte sich im Deutschland jener Tage sehr viel, manches blieb aber auch, wie es gewesen war. Das galt nicht zuletzt für die Nutzung von Methamphetamin bei den Streitkräften. Die Bundeswehr nutzte die Droge noch bis in die Siebzigerjahre, die Nationale Volksarmee der ehemaligen DDR verzichtete sogar erst 1988 darauf, gerade einmal ein Jahr vor dem Mauerfall.

In der Zwischenzeit sorgte Pervitin jedoch auch im zivilen Bereich immer mal wieder für Schlagzeilen – diesmal, wenn es sportliche Leistungen betraf.

Zunächst ging man mit dem Thema gewohnt lax um. Als sich 1953 der österreichische Bergsteiger Hermann Buhl an die Erstbesteigung des 8125 Meter hohen Nanga Parbat im Westhimalaja wagte, war die eigentliche Nachricht, dass er nach 41 Stunden zwar völlig erschöpft zurückkehrte, den Gipfel aber tatsächlich erreicht hatte. Kaum erwähnt wurde dabei, dass Buhl diese Leistung nur hatte schaffen können, weil er auf Droge gewesen war. Ohne Pervitin, so glaubten Ärzte, hätte er die Strapazen kaum überstanden.

Für den Boxer Joseph »Jupp« Elze galt das Gegenteil. Auch der wollte die aufputschende und Schmerz unterdrückende Wirkung des Präparates nutzen, als er am 12. Juni 1968 in den Ring stieg und Europameister werden wollte. Im Kampf gegen Juan Carlos Duran blieb Elze 15 Runden auf den Beinen, dann streckte ihn ein Schlag gegen den Kopf nieder. Elze ging zu Boden und starb später im Krankenhaus an einer Gehirnblutung.

Als der Fall genauer untersucht wurde, errechneten Beobachter, dass Jupp Elze während des Kampfes nicht weniger als 150 Kopftreffer eingesteckt hatte, kein normaler Mensch hätte das überstehen können, ohne zu Boden zu gehen.

Aber Elze hatte sich auf seine Weise vorbereitet, unter anderem eben mit einer ordentlichen Menge Pervitin. Man kam zu dem Schluss, dass er nur aufgrund der Droge so lange hatte kämpfen können und dass er ohne sie schon längst zu Boden gegangen wäre und den Kampf wohl überlebt hätte.

Berühmt wurde Elze daher nicht durch seine boxerischen Leistungen, er ging vielmehr als erster deutscher Profisportler in die Geschichte ein, der an den Folgen seines Dopings starb. Er war jedoch nicht das erste Todesopfer durch Methamphetamin und ganz sicher auch nicht das letzte. Doch die Droge verschwand in den ausgehenden Sechzigerjahren langsam aus dem Bewusstsein der Deutschen. Bis sie ihr Comeback feierte, sollte es einige Jahre dauern. Dann aber kam sie stärker und gefährlicher zurück, als sie jemals gewesen war.

Mara S.: **Das graue Blatt**

Ich erinnere mich genau an den Tag, an dem ich zum ersten Mal Crystal genommen habe. Das bedeutet nicht, dass ich weiß, was für ein Wochentag es war, auch nicht, ob es Sommer oder Winter war, ob draußen die Sonne schien oder Schnee fiel. Das ist in meiner Erinnerung vollkommen unwichtig. Die Hauptsache ist, dass es ein fantastischer Tag war, ein Tag mit einem Blatt Papier, einem Bleistift und einem vollkommen neuen Gefühl

Bis zu diesem Tag war ich ein ziemlich normaler Teenager. Ich wohnte bei meinen Eltern in einer Kleinstadt in Sachsen. Meine Eltern leben noch heute dort. Alles ist dort immer noch so, wie man sich eine heile Welt wohl vorstellt – jedenfalls äußerlich. Meine Mutter arbeitete, mein Vater arbeitete. Es gab das Einfamilienhaus, den gepflegten Garten und die Nachbarn, die man auf der Straße freundlich grüßte. Nur Geschwister hatte ich keine, ich war ein Einzelkind. Zu Hause hatte ich es immer gut. Meine Eltern waren nicht besonders streng zu mir, und als einziges Kind habe ich eigentlich stets bekommen, was ich mir wünschte.

Wenn ich an meine Kindheit denke, dann fällt mir fast nur Schönes ein. Ich kann mich nicht an Streit oder Probleme erinnern. Im Ort lebten viele gleichaltrige Kinder, ich hatte eine Menge Freunde, mit denen ich sehr viel unternommen habe. Mein Alltag unterschied sich nicht von dem anderer Kinder. Morgens habe ich den Bus genommen, bin dann drei Stationen später umgestiegen in die Straßenbahn, die mich bis zur Schule brachte.

Ich war eine gute Schülerin. Nicht auffallend gut, aber immer so, dass meine Noten nicht unter eine Drei absackten. Meine große Leidenschaft war aber der Sport. Vor allem Leichtathletik, das Kunstturnen. Das ist eine olympische Disziplin für Frauen, zu der Geräte wie Schwebebalken oder Stufenbarren und natürlich das Bodenturnen gehören. Das habe ich mit Begeisterung gemacht, da war ich sechs Jahre dabei. Und ich war sogar recht erfolgreich, habe viele Medaillen gewonnen. Aber irgendwann wurde es mir dann langweilig.

Ich sollte wohl noch erzählen, dass hinter der bürgerlichen Fassade meines Elternhauses natürlich nicht alles so perfekt verlief, wie es sich anhört. Meine Eltern waren beide süchtig, alkoholabhängig. Das bedeutet nicht, dass es bei uns zu Hause verwahrlost aussah. Im Gegenteil, die beiden haben ja ständig gegen ihre Sucht gekämpft. Wie gesagt, beide arbeiteten, unser Haus war immer absolut sauber und aufgeräumt. Man kann halt Alkohol trinken und trotzdem noch ein gutes Leben führen. Außerdem ist meine Mutter jetzt seit zwölf Jahren trocken. Ich erwähne den Alkoholismus meiner Eltern nur, weil ich denke, dass ich eventuell von den beiden schon die Anlage zu einer Sucht vererbt bekommen habe.

Mit 13 Jahren habe ich schließlich angefangen, Alkohol zu trinken. Zuerst habe ich die Vorräte meiner Eltern probiert, dann auch draußen mit Freunden etwas getrunken. Zu der Zeit war es schon so, dass die Kindheit vorüber war und ich das normale Leben zunehmend als langweilig empfand. Zu dem Alkohol kam bald das Kiffen dazu.

An meiner Schule waren viele schon weiter. Die nahmen Ecstasy, das habe ich dann auch bald probiert und einige Male genommen. Auf Dauer hat es mich aber nicht interessiert. Damals war auch Crystal schon zu bekommen, aber davon wollte ich erst nichts wissen. Bis zu diesem Zeitpunkt war alles eigentlich noch reine Neugier. Alkohol habe ich probiert, weil ich wissen wollte, wie das wirkte, was meine Eltern immer tranken. Gekifft habe ich, weil ich wissen wollte, was meine Freunde nahmen, beim Ecstasy war es auch so. Vielleicht hätte ich damit sogar wieder aufgehört, weil es mir nicht viel gegeben hat – die anderen fanden es toll, ich war nach all den Beschreibungen, wie es wirkt, eigentlich nur enttäuscht. Also erwartete ich mir auch von Crystal nichts, habe gar nicht daran gedacht, das auch einmal zu versuchen. Bis zu diesem einen Tag. Ein Freund besuchte mich zu Hause, tagsüber, als meine Eltern arbeiten waren. Wir setzten uns in mein Zimmer, da legte er plötzlich diese Kristalle auf den Tisch. Ich erinnere mich daran, dass es knirschte, als er sie mit einer Bankkarte zerteilte. Zuerst habe ich noch gesagt, dass ich eigentlich gar keine Lust auf das Zeug habe, aber irgendwie hat er mich überredet. Er hat die Kristalle sehr fein zerdrückt, zwei Linien auf dem Tisch zusammengeschoben, eine für ihn, eine für mich. Dann hat er einen Geldschein zusammengerollt und ich habe meine erste Linie Crystal durch die Nase gezogen.

Es war einfach unbeschreiblich, ein Gefühl, wie ich es noch nie erlebt hatte. Alles fühlte sich plötzlich so klar an, alles schien auf einmal Sinn zu machen. Zum ersten Mal überhaupt hatte ich den Eindruck, dass die Dinge tatsächlich so waren, wie sie sein sollten. In diesem Moment wusste ich, dass Crystal meine Droge war. Ich erinnere mich nicht mehr daran, ob der Freund noch lange geblieben ist, das war auch vollkommen unwichtig.

Schon als Kind war ich immer sehr kreativ, ich habe gemalt und gebastelt. An diesem Tag hatte ich plötzlich eine unbändige Lust, ein Bild zu malen. Ich war überzeugt, dass ich etwas Einzigartiges schaffen konnte, ein richtiges Meisterwerk. Also habe ich ein Blatt aus dem Malblock genommen und einen Bleistift. Dann habe ich angefangen zu malen und konnte nicht mehr aufhören. Ich sah das Bild vor mir, aber es war nie perfekt, also habe ich weitergemalt. Ich glaube, ich habe acht Stunden an diesem Blatt Papier gesessen und ohne Unterbrechung darauf herumgemalt. Immer gab es etwas, das ich unbedingt noch in das Bild hineinbringen wollte, eine neue Kontur, eine Idee. Als ich fertig war, war es wirklich perfekt – in meinen Augen jedenfalls. Nüchtern betrachtet, habe ich ständig weitere Bleistiftlinien auf das Papier gebracht, bis das ganze Blatt von einem einheitlichen Grau überzogen war. Trotzdem, für mich war es perfekt und vor allem hatte ich wirklich Spaß an dem gehabt, was ich gemacht hatte.

Das war ein ganz entscheidender Punkt. Ich hatte endlich einmal das Gefühl, dass alles Spaß machte. Alles, was ich tat, konnte ich mit Vergnügen machen, ohne dass es mir langweilig wurde oder ich plötzlich keine Lust mehr hatte.

Seitdem habe ich alles immer intensiv gemacht und so lange, bis es wirklich nicht mehr ging. Eine andere Leidenschaft von mir waren Rätsel, also Kreuzworträtsel. Ich habe ganze Tage damit zugebracht, solche Rätsel zu lösen. Einfach, weil mein Kopf so klar schien, weil ich dachte, ich könnte all diese Rätsel lösen. Ein Zeitgefühl gab es nicht mehr, alles in mir konzentrierte sich auf diese eine Tätigkeit. Normale Dinge wie Essen oder Trinken waren vollkommen uninteressant. Ich wollte unbedingt die Klarheit ausnutzen.

Es war einzigartig: Ich sitze hier und die restliche Welt kann ich steuern, so ein Gefühl war das. Ich bin die Zentrale, alles ist damit verbunden. Da habe ich mich ernsthaft gefragt, warum nicht alle Menschen Crystal nehmen. Es war das Schönste, das Geilste, was ich je erlebt hatte. Deswegen habe ich auch nie kontrolliert konsumiert. Ich habe immer exzessiv konsumiert. Alles, was ich finden konnte – rein. Das hat sich mit der Zeit natürlich immer weiter gesteigert.

HIGHWAY TO HELL: HELLS ANGELS UND UNCLE FESTER

Die Rückkehr des Methamphetamin in die Welt der Drogen war im Grunde genommen einem Unfall zu verdanken: In Amerika versuchte man, die Verbreitung anderer Drogen zu unterdrücken, und öffnete damit dem Crystal Meth sperrangelweit die Tür.

Während der frühen Siebzigerjahre gehörten Drogen zum Lebensstil vieler Jugendlicher in den Vereinigten Staaten. Eine der verbreiteten Drogen war Amphetamin, das man meist Speed nannte und mit dem sich Collegestudenten ebenso wie Lastwagenfahrer aufputschten.

Vor allem an der Westküste der USA produzierten überwiegend Motorradgangs wie die Hells Angels mit ihren Drogenköchen den Stoff und brachten große Mengen Speed unter das Volk. Ein einfaches und vor allem einträgliches Geschäft, das allerdings ein jähes Ende fand, als der Verkauf des zur Herstellung notwendigen Grundstoffs 1-Phenyl-2-propanon beziehungsweise Phenylaceton von staatlicher Seite eingeschränkt und strengeren Regeln unterworfen wurde.

Die kriminellen Köpfe der Gangs wollten sich vom Staat natürlich nicht ihre blendend laufenden Geschäfte zerstören lassen und suchten daher nach Alternativen. Die taten sich dann auch überraschend schnell auf, als einige der Speedköche auf die Idee kamen, es doch einmal mit Ephedrin zu versuchen. Dieser Stoff ist in zahllosen verschreibungsfreien Medikamenten enthalten – vor allem in Erkältungsmitteln, die Ephedrin als schleimhautabschwellende Komponente nutzen.

Damit war für die Gangs das drängendste Problem beseitigt – Ephedrin ließ sich in großen Mengen beschaffen. Hinzu kam ein weiterer Vorteil: Was die Drogenköche mithilfe des Ephedrin produzierten, war nicht mehr das bekannte Amphetamin, war kein Speed. Chemisch gesehen, stellten sie ein Amphetamin mit einer zusätzlichen Methylgruppe her. Für die Drogenhändler entscheidend war jedoch vor allem, dass sie mit diesem Methylamphetamin einen Stoff fabrizierten, der doppelt so wirksam war wie das Amphetamin. Außerdem minimierten sie mit dem neuen Produkt ihr Risiko weiter. Nicht nur das Ephedrin war nämlich leicht zu bekommen, ohne in Konflikt mit dem Gesetz zu geraten. Auch die übrigen notwendigen Zusatzstoffe ließen sich aus vollkommen legalen Haushaltsmitteln gewinnen.

Außerdem bekam die Droge nun zusätzlich ein außergewöhnliches und vor allem ansehnliches Äußeres: Statt als Pulver oder Pillen kam das Methamphetamin in Form von Kristallen auf den Markt, die vom Käufer zerdrückt und gesnieft oder geraucht wurden. Damit war der Grundstein für eine neue Erfolgsdroge geschaffen: Crystal Meth.

Für die Motorradgangs war das wie ein Sechser im Lotto. Sie bauten im großen Stil Drogenküchen und belieferten vor allem die kalifornischen Großstädte. Trotzdem war auch das nur ein kleiner Vorgeschmack der riesigen Crystal-Welle, die Amerika bald überschwemmen sollte.

Eine nächste Stufe in der Verbreitung der Droge wurde erreicht, als der Mexikaner José de Jesús Amezcua Contreras mit seinen Brüdern Adan und Luis Kontakt zu den Gangs aufnahm. Die Contreras-Familie hatte ihr Geld bis dahin überwiegend mit dem Kokainschmuggel über die mexikanisch-amerikanische Grenze verdient, wollte nun aber groß in den Ephedrin-Handel einsteigen und die Biker mit dem benötigten Grundstoff beliefern. Der Deal wurde abgeschlossen, die eigentlichen Gewinner dabei waren jedoch die Mexikaner. Sie beschafften bald Ephedrin in riesigen Mengen. Einiges davon verkauften sie weiter, den Großteil verwendeten sie jedoch, um selbst Methamphetamin herzustellen, über die Grenze zu schmuggeln und zu verkaufen. Das Geschäft der Brüder wurde bald als Colima-Kartell bekannt, sie stiegen zu den wohl größten Ephedrin-Händlern und Methamphetamin-Produzenten auf.

Doch Crystal Meth war zu diesem Zeitpunkt immer noch eine Droge, die in puncto Herstellung und Vertriebswegen unzähligen anderen Suchtmitteln glich: Professionelle und kriminelle Organisationen kümmerten sich um Produktion und Verkauf, ahnungslose Abhängige kauften ihnen den Stoff ab.

Das sollte sich ändern, als der amerikanische Chemiker Steve Preisler auf eine seltsame Idee kam: Der, gelinde gesagt, exzentrische Wissenschaftler schrieb in den 1980er-Jahren ein Buch mit dem Titel *Secrets of Methamphetamine Manufacture* und brachte es unter seinem Autorenpseudonym Uncle Fester auf den Markt – ein Spitzname, den Preisler während seines Studiums erhalten hatte. Damals hatte er leidenschaftlich gern Dinge in die Luft gejagt, was seine Kommilitonen an die Figur des Uncle Fester aus der Cartoonserie *Addams Family* erinnert hatte. Nach seinem Universitätsabschluss im Jahr 1981 entdeckte Preisler eine noch viel größere Leidenschaft als den Umgang mit Explosivstoffen: Methamphetamin, das ihn gleich mehrmals in Konflikt mit den Gesetzeshütern bringen sollte.

Uncle Fester wusste, worüber er schrieb. Das Werk hielt daher auch tatsächlich, was es versprach: Es klärte darüber auf, wie einfach die Herstellung von Crystal Meth war. Und zwar äußerst umfangreich. Preisler stellte ausführlich sechs Methoden vor, wie jeder Mensch in Heimarbeit Crystal kochen konnte.

Aufgebaut waren die Anleitungen wie Rezepte in Kochbüchern. Am Anfang stand die Zutatenliste, dann die Erklärung der Produktion. Das galt auch für das Rezept »Nazi-Methamphetamin«, das, wenig überraschend, die Heimproduktion von Pervitin ermöglichte. Man nehme Kaffeefilter, einen elektrischen Becherwärmer, Zündhölzer, Ephedrin und so weiter.

Secrets of Methamphetamine Manufacture wurde zwar kein internationaler Bestseller, doch das darin vermittelte Wissen verbreitete sich vor allem in den Vereinigten Staaten wie ein Lauffeuer. An unzähligen

Orten begannen Hobbyköche nun mit der Produktion von Methamphetamin, weil es ja so einfach und billig war. Sie gewannen Ephedrin aus Hustensaft, vermischten das Ergebnis mit Batteriesäure, Farbverdünner und anderen frei erhältlichen Haushaltsmitteln, um die Wirkung der Droge noch zu steigern. Das Ergebnis verkauften sie dann zu Preisen, gegen die bekannte Drogen wie regelrechte Luxusartikel wirkten. Gekocht wurde in der Privatwohnung oder von den besonders Vorsichtigen auch mal im Motelzimmer, das nur für einen Tag gemietet und dann wieder verlassen wurde.

Der günstige Preis und die verfügbare Menge förderten die Verbreitung von Crystal Meth in Kreisen, die bis dahin allein aus Geldmangel auf Kokain oder Heroin verzichtet und sich mit Alkohol und Tabak begnügt hatten. Die Droge hielt nun Einzug in die oft als »White Trash« bezeichnete weiße Unterschicht Amerikas, machte in Armensiedlungen und den allgegenwärtigen Trailerparks die Runde.

Damit begann aber auch der mittlerweile schon jahrzehntelange Kampf der Regierung gegen das Suchtmittel – ein Kampf gegen Windmühlen. Man schränkte die Verfügbarkeit von Ephedrin zwar ein, doch die Köche schwenkten einfach um auf das unregulierte Pseudoephedrin. Gleichzeitig brannten im ganzen Land immer wieder Methamphetamin-Küchen aus oder explodierten, weil die Nachwuchsproduzenten sich mit der Herstellung nicht auskannten und immer wieder Fehler machten.

Auf der anderen Seite der amerikanisch-mexikanischen Grenze erkannten die Kartelle den Mangel an Ephedrin und suchten nach Wegen, um aus diesem Problem ein noch größeres Geschäft zu machen. Die Amezcua-Brüder schauten sich nach alternativen Quellen für den Rohstoff um und wurden schnell fündig. Sie beschafften die Substanz nun direkt bei den internationalen Pharmakonzernen im Ausland, schmuggelten sie nach Mexiko und von dort über die Grenze.

Es entspann sich in der Folge ein schier unendliches Gerangel zwischen Regulierungsbehörden, Drogenschmugglern und den Produzenten im Land. Wurde der Sache an einer Stelle ein Riegel vorgeschoben, fanden die Kriminellen an anderer Stelle einen neuen Weg und nutzten ihn.

1994 wurden 3,4 Tonnen Ephedrin entdeckt, die mit einem Flugzeug aus der Schweiz nach Mexiko gebracht werden sollten. Eine gigantische Menge und doch nur ein Bruchteil dessen, was tatsächlich im Umlauf war. Die US-amerikanische Drogenvollzugsbehörde Drugs Enforcement Administration (DEA) ermittelte, dass allein durch das Amezcua-Kartell binnen 18 Monaten 170 Tonnen Ephedrin in die USA gelangt waren – genug Grundstoff für zwei Milliarden Verkaufsportionen Crystal Meth.

Der staatliche Kampf gegen das sich immer weiter verbreitende Problem nahm teilweise skurrile Formen an. So kam es 1996 zu einer Einigung mit der Pharmaindustrie, dass bestimmte Arzneien, aus denen Drogenköche Pseudoephedrin gewinnen konnten, nur noch in den sogenannten Blisterverpackungen angeboten werden durften. Das sollte den Köchen vor allem die Arbeit erschweren, da sie nicht mehr einfach Pillen aus einer Dose schütten konnten, sondern jede einzelne mit den Händen aus einer Verpackung drücken mussten. Die Köche ließen sich davon allerdings nicht beirren und machten einfach weiter. In den folgenden drei Jahren wurden in 47 Prozent der ausgehobenen Drogenküchen auch geleerte Blisterpackungen entdeckt.

Der größte Schlag gegen die Meth-Mafia gelang der mexikanischen Drogenpolizei 1998: Sie schnappte die Amezcua-Brüder. Doch auch das war nur ein Teilerfolg. Bald hieß es nämlich, die Schwestern des Trios hätten die Geschäfte übernommen.

Im Jahr 2004 wurde dann bekannt, dass Mexiko vollkommen legal jährlich 224 Tonnen Pseudoephedrin importierte. Doch nur etwas mehr als die Hälfte dieser Menge wurde tatsächlich für die Herstellung von Arzneien benötigt. Die übrigen 100 Tonnen wanderten direkt in die

Labore der Kartelle, wurden zu Methamphetamin veredelt und dann über die Grenze in die USA geschickt – für die Abhängigen bestand also weiter kein Mangel an Nachschub.

Obwohl ständig weitere Versuche zur Regulierung der Grundstoffe und zum Eindämmen des Drogenkonsums insgesamt unternommen wurden, breitete sich Crystal Meth immer weiter aus. Im Jahr 2011 verkündete das National Institute on Drug Abuse aus der Stadt Bethesda im Bundesstaat Maryland, dass nach letzten Erhebungen rund 13 Millionen Menschen in den Vereinigten Staaten mindestens einmal in ihrem Leben Crystal genommen hätten. Zu diesem Zeitpunkt war Crystal Meth jedoch schon längst kein rein amerikanisches Problem mehr. Bereits 2006 hatten sich auch die Vereinten Nationen zum Thema zu Wort gemeldet: Laut dem UN-Welt-Drogenbericht war Crystal Meth da schon die meistgenutzte harte Droge der Welt. Die Zahl von insgesamt 26 Millionen Abhängigen entspreche der addierten Summe aller Kokain- und Heroinnutzer, hieß es.

Während Crystal Meth in den USA und anderen Ländern Millionen Menschen abhängig machte, kehrte es nach Deutschland erst mit Verzögerung zurück. Bis es auch bei uns wieder ein Thema wurde, musste es einen Umweg nehmen. Und der passte so gar nicht zu dem Bild, das der amerikanische Weg malte. Kriminelle Rockergruppen, mexikanische Kartelle – so etwas gab es in den Anfängen der Rückkehr des Methamphetamins in unsere Gesellschaft nicht. Auch waren es nicht experimentierfreudige Jugendliche in der Bundesrepublik, die der Sache zu neuem Schwung verhalfen.

Der Ursprung der neuen europäischen Crystal-Meth-Bewegung liegt an einem Ort, der sich grundlegend von den bisher beschriebenen Entwicklungen unterscheidet.

Zu Beginn der Siebzigerjahre waren der Ostblock und der Westen von kaum durchlässigen Grenzen getrennt, die Gemeinsamkeiten der beiden Seiten wurden so mit der Zeit immer geringer. Auch war der

Osten dafür bekannt, dass »da drüben« eigentlich Mangel an allem herrschte. Drogen im Ostblock? Das war im Westen unvorstellbar und wäre im Osten wohl auch hart bekämpft worden, hätten die Regierenden davon erfahren.

Trotzdem machten sich dann und wann besonders mutige oder einfach nur exzentrische Menschen an die Arbeit und versuchten sich in der Drogenherstellung. Einen Mittelpunkt dieser Aktivitäten bildete die Tschechoslowakei. Dieses Land bestand bis Ende 1992, wurde dann durch die Bildung der neuen Staaten Tschechien und Slowakei aufgeteilt.

Das Jahr 1968 galt in vielen westlichen Ländern als ein Jahr des Aufbruchs, der Unruhen. In der Tschechoslowakei wollte die Regierung unter Alexander Dubček den herrschenden Kommunismus etwas menschlicher und freier gestalten – oder ihn aufweichen, wie Kritiker ihm vorwarfen. Die Bevölkerung nahm den Prager Frühling überwiegend begeistert auf, doch vor allem die übermächtige Sowjetunion wollte von dem Vorhaben nichts wissen. Im August des Jahres marschierten die Sowjetunion, Polen, Ungarn und Bulgarien daher mit einer halben Million Soldaten in die Tschechoslowakei ein und besetzten das Land. 98 Tschechen und Slowaken kamen dabei ums Leben, auch 50 Soldaten fielen.

Alle Reformbemühungen wurden nun gestoppt und die Bürger sahen sich um eine große Chance gebracht, wagten jetzt kaum noch öffentliche Meinungsäußerungen. Die Menschen fielen in den folgenden Jahren in eine regelrechte Depression.

Der kurze politische Exkurs soll verdeutlichen, warum gerade die Tschechoslowakei beziehungsweise deren Teil in Form des heutigen Tschechien zum europäischen Ursprungsland des modernen Crystal Meth wurde.

Mancher sah die Flucht in Drogen als einzigen Ausweg aus einem immer unerträglicher werdenden Alltag. Zwar herrschte überall Mangel, aber einige Menschen versuchten immer wieder auf unterschiedlichen Wegen, betäubende oder zumindest vorübergehend glücklich machende Substanzen zu kreieren. Einer von ihnen war der Tscheche Pavel Gregor – und der kam in den frühen Siebzigern auf die Idee, es doch mal mit einem Stoff zu versuchen, der Jahrzehnte zuvor junge Soldaten im Krieg angespornt hatte. Gregor experimentierte mit der Herstellung von Methamphetamin, was ihm schließlich auch gelang. Heute gilt der mittlerweile 59-Jährige als Vater oder Wiederentdecker des Pervitin in der Tschechoslowakei.

Dass er damit auch eine Modedroge und die Basis für eine spätere kriminelle Maschinerie schuf, das war jedoch nie seine Absicht.

»Ich habe den Verkauf von Pervitin tatsächlich nie als Geschäft gesehen. Anfangs haben wir die Droge eigentlich nur für uns selbst hergestellt, für den Verbrauch unserer Clique«, erinnerte sich Pavel Gregor im Jahr 2013 in einem Interview mit Radio Praha an diese Anfänge.

Was Gregor nicht ahnen konnte, war, dass er und seine Freunde mit ihrer Drogenkocherei dafür sorgten, dass Pervitin beziehungsweise Methamphetamin in Tschechien eine deutlich längere Tradition und auch größere Verbreitung bekommen sollte als zunächst etwa in Westdeutschland. Im bis 1989 weitgehend vom Westen abgeschotteten Osten gab es bei Weitem nicht so viele frei verfügbare Drogen wie im Westen. Außerdem herrschte eben ein Mangel an notwendigen Rohstoffen. Ein Umstand, der sich allein mit Methamphetamin umgehen ließ, da dessen Basiszusätze wie Haushaltsreiniger auch in den sozialistischen beziehungsweise kommunistischen Ländern frei verkauft wurden.

Gleichzeitig verhinderten die von offizieller Seite gesteuerten Medien, dass über das Thema überhaupt berichtet wurde. Sonst hätten womöglich viele spätere Junkies schon rechtzeitig erfahren, dass der unter der Hand gehandelte Stoff nicht hielt, was sie sich davon versprachen. Denn gerade die Geschichte des Pavel Gregor ist ein Beispiel dafür, was Crystal Meth mit einem Menschen macht. In dem Interview berichtete der tschechische Drogenveteran nämlich auch davon, wie schnell und wie stark die Droge ihn verändert hatte: »Ich hatte meine Emotionen und mein Handeln nicht unter Kontrolle und war sehr aggressiv und impulsiv. Pervitin hat vor allem eine schwere Psychose ausgelöst. Weil ich sie nicht behandeln ließ, dauerte diese Psychose zwei Jahre. Ich kann sagen: Das waren die schlimmsten zwei Jahre meines Lebens. Ich konnte die Realität nicht von dem unterscheiden, was in meinem Kopf ablief.«

Bei diesen psychischen Problemen sollte es jedoch nicht bleiben. Pavel Gregor musste noch auf ganz andere Art und Weise herausfinden, welche Gefahren Crystal Meth tatsächlich birgt. Seine Drogenkarriere endete nämlich beinahe tödlich. Bei der Herstellung der brandgefährlichen Droge machte er eines Tages einen schweren Fehler, sodass die Chemikalien explodierten und seine Haut von ätzender Säure verbrannt wurde. Als wäre das noch nicht schlimm genug, verlor er außerdem ein Auge und ist seitdem schwerhörig.

Das Erlebte ließ ihn dann endlich umdenken. Gregor begab sich in Therapie. »Ich bin nun seit 13 Jahren abstinent. Das bedeutet, dass ich weder rauche noch Alkohol trinke, noch irgendwelche anderen Drogen nehme«, berichtete er Radio Praha.

Nur wenige der Pervitin-Veteranen aus der einstigen Tschechoslowakei kamen allerdings so weit. Gregor erzählte weiter, dass er aus seiner Anfangszeit im Jahr 1973 rund 200 Menschen kannte, die mit der Droge experimentierten. »Heute sind von ihnen noch sechs am Leben, die anderen sind tot. Diese sechs sind nach meinen Erkenntnissen Obdachlose, die am Prager Hauptbahnhof leben.«

Pavel Gregor dagegen gab seinem Leben neuen Sinn. Nach seiner Therapie machte er selbst eine Ausbildung zum Therapeuten. Dann beschäftigte er sich vor allem mit der Drogenvorbeugung und berichtete Schulkindern von der Gefahr des Pervitin und seinem Leben. Mittlerweile arbeitet er an einer Nervenheilanstalt, in der er Patienten hilft, die durch die von ihm wieder in Umlauf gebrachte Droge abhängig wurden. In Tschechien ist er so bekannt, dass im Jahr 2010 der Film *Piko* in die Kinos kam, der sich an seinem Leben orientierte – Piko, das ist der Name, den Crystal Meth beziehungsweise Pervitin bis heute in Tschechien trägt.

Doch weder Pavel Gregors Aufklärungsarbeit noch der Film änderten etwas daran, dass Tschechien zur Methamphetamin-Küche und zum hauptsächlichen Crystal-Lieferanten Deutschlands aufsteigen sollte.

Mara S.: **Aus Lust am Putzen**

Anfangs war es noch vergleichsweise harmlos, da habe ich auch mal tagelang nichts genommen, bin weiter regelmäßig zur Schule gegangen. Bis zum Ende der zehnten Klasse habe ich durchgehalten, ich habe sogar meinen Realschulabschluss geschafft. Zu der Zeit war ich irgendwie noch in der bürgerlichen Welt verankert. Ich versuchte die Sache mit den Drogen vor anderen zu verschleiern, vor allem wollte ich nicht, dass meine Eltern etwas merkten. Ich habe auch weiter bei den Eltern gewohnt, sogar viele Jahre noch. Die haben anfangs wirklich nichts von den Drogen mitbekommen. Mit der Zeit wurden sie dann aber misstrauisch. Ich habe auf Crystal ja nächtelang nicht geschlafen, war immer aktiv und habe ständig irgendetwas gemacht. Natürlich wird eine Mutter stutzig, wenn die Tochter andauernd Papier so lange bemalt, bis es grau ist, oder die ganze Nacht hindurch Rätsel löst. Eines Tages kam sie dann zu mir, hat mir in die Augen geschaut und gefragt: »Nimmst du Drogen?« Ich habe geantwortet: »Nein, würde ich dir in die Augen schauen und lügen?« Sie glaubte mir oder sie wollte mir glauben, weil zwischen mir und meinen Eltern immer so ein völliges Vertrauen herrschte – das habe ich ausgenutzt und missbraucht, weil mir die Droge wichtiger war.

Mit der Zeit wechselte dann auch mein Freundeskreis vollständig. Viele von den Menschen, mit denen ich bei uns im Ort vorher zusammen gewesen war, die haben vielleicht mal einen Joint geraucht oder Alkohol getrunken. Mit den richtig harten Drogen hatten die aber gar nichts am Hut, damit wollten die nichts zu tun haben. Die haben sich dann vollständig von mir abgewendet. Das hat mich anfangs natürlich traurig gemacht, aber im Endeffekt war schließlich sogar das egal.

Durch die Droge habe ich ja viele andere Leute kennengelernt, Leute, die Party machen wollten, die Techno hörten – das alles zusammen, also Crystal, Party und Techno, wurde mein Lebensinhalt. Für meine alten Freunde waren diese Menschen nur Drogenabschaum, gehörten zu den Druffies. Aber das Neue hat das für mich aufgewogen.

Die erste Zeit ging auch alles gut, alles war fantastisch. Bis meine Eltern schließlich doch gemerkt haben, dass ich Drogen nehme, sind zwei, drei Jahre vergangen. Ich habe nach der Schule ja auch noch ganz normal eine Lehre als Hotelfachfrau begonnen. Da war eben der Druck von zu Hause da. Ich wusste, dass meine Eltern das wollten und dass ich meine Ruhe hätte, wenn ich eine Lehre anfinge - dann würden meine Eltern nicht kommen und nachfragen.

Das funktionierte zunächst auch, dann habe ich eines Tages den Auftrag bekommen, 20 Zimmer zu putzen. Jeder, der sich mit Crystal auskennt, kann sich vermutlich vorstellen, wie das ausgegangen ist. Meine Malexzesse und die unendlichen Kreuzworträtsel haben ja schon gezeigt, dass man auf Crystal einzelne Dinge exzessiv macht und darin auch einen Sinn, eine wichtige Beschäftigung sieht. Mit dem Putzen sah es ähnlich aus. Ich habe wirklich leidenschaftlich gerne geputzt, in meinem Zimmer, in der Küche, einfach überall. Das konnte ich stundenlang machen. Nur bedeutete das nicht, dass es ein gewöhnlicher Hausputz war, bei dem es um ein Ergebnis ging. Es hieß einfach, dass ich Lust auf das Putzen hatte, aber ich konnte mich stundenlang damit aufhalten, eine bestimmte Fläche am Fenster zu putzen oder eine Fliese.

Als ich also den Auftrag für die 20 Zimmer bekam, habe ich mich wirklich begeistert an die Arbeit gemacht. Ich habe geputzt, ich habe geschrubbt und ich war der Meinung, dass ich Großartiges geleistet hatte. Mein Chef war allerdings anderer Ansicht. Als endlich Feierabend war, fand er heraus, dass ich den ganzen Tag über nur in einem einzigen Zimmer gewesen war. Ich wollte das einfach perfekt machen und bin acht Stunden in dem einen Zimmer hängen geblieben. Ich habe dieses Zimmer wirklich acht Stunden lang geputzt, habe keine einzige Minute Pause gemacht.

Natürlich gab das Ärger. Ich bin dann nach Hause gegangen und habe mir unterwegs noch einen dicken Notizblock gekauft. Dann habe ich Crystal genommen und damit angefangen, mir für den nächsten Tag wichtige Notizen zu machen, damit das nicht noch einmal passierte. Die ganze Nacht hindurch habe ich Hunderte, Tausende Punkte notiert, auf die ich achten musste. Am Morgen war der Block vollständig mit diesen Hinweisen gefüllt.

Das hat natürlich gar nichts genützt. Ich stand dann wieder in einem Zimmer und suchte in dem Block nach nützlichen Tipps, worauf ich denn jetzt achten müsste. Nur hatte ich nicht wirklich sinnvolle Dinge aufgeschrieben, vor allem war alles völlig ungeordnet, sodass es unmöglich war, sich daran zu orientieren. Also habe ich wieder den ganzen Tag ein einziges Zimmer geputzt – mit voller Leidenschaft und ohne Pause. Dann bin ich rausgeflogen.

Ich habe danach noch weitere Lehren begonnen, weil ich meine Eltern nicht enttäuschen wollte. Aber es war überall das gleiche Spiel: Nirgends habe ich wirklich durchgehalten und immer wieder bin ich rausgeflogen. Wenn man »drutt« ist, kann man sich einfach nicht mehr auf die Arbeit konzentrieren – nur die wenigsten schaffen das.

Geschlafen habe ich schon zu dieser Zeit so gut wie nie, war immer wach und bin jedes Wochenende auf Partys gegangen. Mit anderen feiern, Musik, stundenlang irgendwelche Dinge tun, über Tage putzen, malen oder sonst was – für mich war das ein Traum.

Nur ließ sich das nicht dauerhaft vor meinen Eltern verbergen. Die haben zwar wenig von dem mitbekommen, was ich wirklich tat – ich war zu Hause, wenn sie arbeiteten, danach habe ich die Nächte durchgemacht, wenn sie sich ausruhten und schliefen. Aber es sind eben Eltern. Und Eltern merken dann doch, dass etwas nicht stimmt. Sie nahmen mir die Lüge, dass alles in Ordnung war, immer weniger ab. Außerdem konnten sie auch an meinem Zimmer erkennen, dass etwas nicht mehr völlig normal war. Denn ich habe ja nicht nur Papier bemalt, alle Wände waren bekritzelt und mit irgendwelchen Mustern versehen.

Irgendwann ging es zu Hause einfach nicht mehr, meinen Eltern wurde endgültig klar, dass ich tatsächlich drogenabhängig war. Sie wussten zwar nichts von Crystal, weil es damals noch recht wenige Informationen dazu gab. Aber dass da was nicht stimmen konnte und Drogen im Spiel waren, das war ihnen wohl bewusst.

Das muss so im Jahr 2002 gewesen sein. Da war ich 17 und musste eine Entscheidung treffen. Wollte ich mein geliebtes Crystal behalten, konnte ich nicht dort wohnen bleiben. Wollte ich bei meinen geliebten Eltern bleiben, musste ich mit den Drogen aufhören.

Meine Eltern haben mich ständig mit Fragen gelöchert, wollten von mir wissen, was tatsächlich los war. Natürlich ist mir heute klar, dass sie mir lediglich helfen wollten. Damals haben die Fragen einfach nur genervt. Das waren alles Fragen, die ich nicht beantworten wollte. Die Stimmung zu Hause wurde für mich immer unangenehmer. Ich fühlte mich durch meine Eltern in meinem Dasein gestört, in meinem so ersehnten Rausch. Es war einfach unerträglich, dass sie mich immer mit einer Realität konfrontieren wollten, aus der ich ja zu fliehen versuchte.

Außerdem wollte ich nicht, dass sie mich weiterhin täglich erleben mussten. Für Außenstehende sind das doch erschreckende Verhaltensweisen und überraschende Dinge, die man als Druffie macht. Ich wollte nicht riskieren, dass meine Eltern tagsüber überraschend heimkamen und mich schweißgebadet und mit klatschnassen Haaren durch die Wohnung rennen sahen, weil ich unbedingt

Fenster putzen wollte. Oder mich mit irgendwelchen Dreckresten am Mund überraschten, weil mich das nicht interessierte. So klar war ich zeitweise immer noch.

Also habe ich mit 17 einen Entschluss gefasst, bin bei meinen Eltern ausgezogen, habe meine kleine Heimat verlassen und bin in die Großstadt gegangen.

DIE RÜCKKEHR DES CRYSTAL NACH DEUTSCHLAND

Wann genau die erste Dosis Crystal Meth aus Tschechien über die Grenze nach Deutschland geschmuggelt wurde, das wird vermutlich ein ewiges Geheimnis bleiben. Es gilt aber als sehr wahrscheinlich, dass es nach dem Ende der DDR 1990 und dem Zusammenbruch des Ostblocks nicht sehr lange dauerte. Spätestens als die Tschechoslowakei mit dem Jahreswechsel von 1992 auf 1993 in der Tschechei und der Slowakei aufging, dürfte es so weit gewesen sein.

Die *Frankfurter Allgemeine Zeitung* (FAZ) berichtete im Jahr 2011 von einer Abhängigen, deren Identität die Autoren mit dem Namen Janine tarnten. Die Frau soll bereits im Jahr 1994 zum ersten Mal Crystal genommen haben, als damals Vierzehnjährige. Janine, schrieb die Zeitung, stammte aus dem Vogtland, einer Region im Grenzgebiet zwischen Sachsen, Bayern, Thüringen und der tschechischen Region um die Stadt As. Also genau im Zentrum der Bereiche, die heute als besonders schwer von der Crystal-Sucht betroffen gelten. Janine soll die Droge schon damals in einem Club bekommen haben, sie wird also vermutlich nicht die erste deutsche Crystal-Abhängige gewesen sein.

Trotzdem benötigte Crystal Meth noch fast zwei weitere Jahrzehnte, bis es sich so weit durchsetzen konnte, dass es als Problem erkannt wurde.

Um diese Verzögerung zu verstehen, muss man zunächst wieder zurück auf die andere Seite der deutsch-tschechischen Grenze wechseln. Zwar hat Tschechien nicht nur durch Pavel Gregors Pervitin-Versuche eine lange Drogenhistorie, doch wie in allen anderen Nationen gab es auch dort Gesetze, die Herstellung, Vertrieb und auch Konsum unter Strafe stellten. Viele Jahre galt auf der anderen Seite der Grenze die Regel, dass von offizieller Seite geringe Mengen für den Eigengebrauch toleriert wurden. Der Haken an der Sache: Niemand konnte sagen, wie gering eine Drogenration genau sein musste, damit sie auch von den Gesetzeshütern durchgewinkt wurde.

Diese Unsicherheit führte schließlich dazu, dass zum 1. Januar 2010 eine neue gesetzliche Regelung geschaffen wurde, in der die Mindestmengen exakt geregelt waren, deren Besitz von da an nur noch als Ordnungswidrigkeit galt.

Was Tschechien in die Gesetzesbücher schrieb, ließ bei Drogenliebhabern Freudentränen kullern, während Politiker im Ausland die Hände über dem Kopf zusammenschlugen. Denn die neuen Regeln stellten selbst die als äußerst liberal in Sachen Drogen geltenden Niederlande in den Schatten. Seit 2010 gilt es in Tschechien nur noch als Ordnungswidrigkeit, wenn jemand Cannabis raucht, bis zu 15 Gramm Marihuana besitzt oder auch bis zu fünf Hanfpflanzen pflegt. Ebenfalls möglich, ohne dass harsche Strafen drohen: der Besitz von 1 Gramm Kokain, 1,5 Gramm Heroin, 4 Ecstasy-Pillen, 5 Einheiten LSD, 2 Gramm Amphetamine oder auch 2 Gramm Methamphetamin. Geht man davon aus, dass ein meist unvorsichtiger Erstkonsument mit einer Dosis von 70 bis 100 Milligramm Crystal Meth beginnt, dann bedeuten 2 Gramm Methamphetamin nicht weniger als ein 20-tägiges Dauer-High.

Politiker und Fachleute in Deutschland sowie dem ebenfalls an Tschechien grenzenden Österreich registrierten die Änderungen mit Befremden – sie befürchteten, dass der Drogenschmuggel neue Ausmaße annehmen würde. Auch weil schon im Dezember 2007 die Grenzkontrollen weggefallen waren.

Nun ist man gerade von Politikern solche Äußerungen durchaus gewohnt, da sie meist das sagen, was das Wahlvolk zustimmend mit den Köpfen nicken lässt. Damals ahnten sie jedoch wohl selbst noch gar nicht, wie recht sie behalten sollten.

Wenn heute über die Anfänge des Crystal-Booms gesprochen wird, dann kommt die Sprache oft auch noch auf einen weiteren Umstand.

Dabei geht es um die amerikanische Fernsehserie *Breaking Bad*, die die Geschichte des Chemielehrers Walter White erzählt, der als Crystal-Meth-Koch reich und kriminell wird. Diese Serie, heißt es, habe dem Methamphetamin in Deutschland zu zusätzlicher Berühmtheit verholfen. Das darf allerdings bezweifelt werden. Tatsächlich wurde die erste Staffel von *Breaking Bad* im Jahr 2009 auch in Deutschland ausgestrahlt. Nur bekam davon kaum jemand etwas mit. Denn gezeigt wurden die Episoden allein auf dem Pay-TV-Kanal AXN, dessen Zuschauerzahlen durchaus überschaubar waren. Ende 2010 kam die Serie dann zwar auch ohne Bezahlschranken auf bundesdeutsche Bildschirme. Diesmal bei Arte, ebenfalls ein Kanal, der nur eine sehr begrenzte Zielgruppe anspricht. Gegen die Theorie vom Zusammenhang zwischen Fernsehserie und Crystal-Boom spricht ebenfalls der Umstand, dass sich der eigentliche Hype um *Breaking Bad* erst nach und nach ausbreitete und Deutschland nicht vor der Ausstrahlung der vierten Staffel im Jahr 2012 erreichte.

In der Dogenrealität hatte sich bis dahin jedoch schon einiges getan. Wie rasant und auch überraschend die neue Karriere des Crystal Meth tatsächlich einsetzte, das zeigen auch die jährlichen Berichte der Drogenbeauftragten der deutschen Bundesregierung.

Noch im Bericht des Jahres 2009 war Methamphetamin lediglich eine Randerscheinung, die kaum eine Rolle spielte und nur beiläufig erwähnt wurde. Außerdem zählte man Amphetamin und Methamphetamin zu einer Gruppe, unterschied beide Stoffe nur grob. Das Bild, das in dem Bericht gezeichnet wurde, zeigte zudem eine recht entspannte Lage, Tschechien spielte ebenfalls kaum eine Rolle.

Ein Auszug aus dem Bericht:

»In den Sicherstellungszahlen zu Amphetamin und Methamphetamin sind 356 Fälle (–22 % im Vergleich zu 2007) enthalten, in denen insgesamt etwas mehr als 4 kg kristallines Methamphetamin (Crystal) (–58 % gegenüber 2007) beschlagnahmt wurden. Rund 83 Prozent dieser Menge wurden in Sachsen und Bayern sichergestellt. Wie schon im Vorjahr wurden in Thüringen zahlreiche Sicherstellungen registriert, bei denen allerdings durchschnittlich weitaus geringere Einzelmengen beschlagnahmt wurden. Beim Handel und Schmuggel mit Amphetamin und Methamphetamin traten meist deutsche Tatverdächtige in Erscheinung. Unter den Nichtdeutschen spielten vor allem türkische und polnische Staatsangehörige eine Rolle.«

Ergänzt wurden die Erläuterungen von einer Tabelle mit Zahlen des Bundeskriminalamtes zu den Sicherstellungen von Drogen. Und auch die ließen nicht erahnen, dass Crystal bald eine neue Bedrohung darstellen würde. Im Jahr 2007 gab es demnach 7662 Fälle, in denen Amphetamin sichergestellt wurde, nur 454 davon bezogen sich auf Methamphetamin. Bei den Mengen ein ähnliches Bild: 820,1 Kilogramm Amphetamin standen gerade einmal zehn Kilogramm Methamphetamin gegenüber. 2008 stieg die Zahl der Amphetamin-Sicherstellungen auf 8425, darunter waren aber lediglich noch 356 Methamphetamin-Fälle. Auch bei den Mengen klaffte die Schere noch stärker auseinander. Unter den 1283,2 Kilogramm Amphetamin fanden sich gerade einmal 4,2 Kilogramm Methamphetamin.

Doch die Situation änderte sich bald. Zwei Jahre später erschien der Drogen- und Suchtbericht 2011 und zeichnete bereits ein anderes Bild. Zunächst las sich die Zusammenfassung der Geschehnisse wieder recht entspannt:

»In 9229 Fällen wurden 1204 kg Amphetamin und Methamphetamin sichergestellt. Die Fallzahl steig damit an (+14 %), während die beschlagnahmte Menge erstmals nach acht Jahren sank (–13 %).«

Die entscheidende Passage folgte jedoch einige Sätze später:

»In 799 Fällen (+79 %) mit insgesamt fast 27 kg (+272 %) wurde die bislang deutlich größte Gesamtmenge an kristallinem Methamphetamin (›Crystal‹) sichergestellt. Damit ist dies die Rauschgiftart mit den höchsten Steigerungsraten des Jahres 2010. Mehr als die Hälfte der Gesamtmenge wurde in Sachsen beschlagnahmt, rund ein Fünftel in Bayern. In Einzelfällen verzeichneten auch Nordrhein-Westfalen und Hessen nennenswerte Sicherstellungsmengen dieser insbesondere aus der Tschechischen Republik nach Deutschland geschmuggelten Droge.«

Beeindruckend oder erschreckend war vor allem die rapide Zunahme der sichergestellten Crystal-Mengen: Nach 10 Kilogramm im Jahr 2007 ging es abwärts auf 4,2 Kilogramm im Jahr 2008. 2009 hielt sich mit 7,2 Kilogramm weiter im bekannten Rahmen – doch dann erlebten die Fahnder den Sprung auf 26,8 Kilogramm im Jahr 2010.

Noch weiter an den Rand gedrängt wurde in den Berichten eine weitere Tatsache, der man nur einen winzigen Absatz widmete. Entdeckten die Fahnder nämlich Rauschgiftlabore, dann handelte es sich fast ausnahmslos um Meth-Küchen.

In der neuesten Ausgabe des Drogen- und Suchtberichtes aus dem Jahr 2013 üben sich die Autoren weiter in einem beschwichtigenden Tonfall, kommen jedoch nicht mehr umhin, das Problem mit sehr deutlichen Zahlen darzustellen. So heißt es in dem Kapitel über illegale Drogen und die Situation in Deutschland zunächst:

»Die Verbreitung von Methamphetamin (Crystal) bleibt weiterhin überwiegend auf die deutsch-tschechische Grenzregion begrenzt.«

Im Klartext bedeutete das, dass Crystal sich mittlerweile in den Bundesländern Bayern, Sachsen und Thüringen rasant ausbreitete, außerdem längst auch in anderen Regionen zumindest ein Thema war. Schließlich hatte man ja schon 2011 auch Nordrhein-Westfalen und Hessen im Zusammenhang mit Methamphetamin erwähnt.

Was tatsächlich in den von Crystal eroberten Landstrichen los war, das verdeutlichte der Bericht mit einer Grafik. Demnach lagen bei den in Deutschland insgesamt meistgenutzten Drogen die sogenannten Opioide wie etwa Heroin mit 47 Prozent vor Cannabis mit 36 Prozent. Das hier unter dem Begriff »Stimulantien« eingeordnete Crystal kam bundesweit auf nur 11 Prozent.

Diese Verteilung galt vor einiger Zeit auch noch in Ländern wie Bayern oder Sachsen, hatte sich dort nun aber rasant und extrem geändert. Die Zahlen für Sachsen lauteten: Crystal mit 41 Prozent vor Cannabis und den Opioiden, die mit jeweils 26 Prozent gleichauf lagen.

Der Suchtbericht 2013 widmete sich in diesem Zusammenhang noch einem weiteren Thema – nämlich dem enorm gestiegenen Hilfebedarf der Süchtigen, seitdem Crystal sich wie eine Seuche ausbreitete:

»Zunahme des Crystal-bedingten Hilfebedarfs in den sächsischen Suchtberatungsstellen

Laut dem ›Bericht der ambulanten Suchtkrankenhilfe in Sachsen‹ für 2011 waren bis zum Jahr 2004 Opioide die dominierenden Problemsubstanzen in Sachsen. Von 2005 bis 2009 zählten in den regionalen Suchtberatungsstellen dagegen Suchtprobleme mit Cannabisprodukten zum häufigsten Beratungsgrund. Seit 2009 wiederum nehmen die Klientenzahlen mit einer Stimulantienproblematik massiv zu und stiegen jährlich um 24 bzw. 29 Prozent. Aktuell weisen unter den Klienten im Bereich der illegalen Drogen über 40 Prozent eine Suchtproblematik im Zusammenhang mit Crystal (Methamphetamin) auf.

(...)

Die besondere Situation in Sachsen steht in engem Zusammenhang mit massiven Steigerungen des Hilfebedarfs seit 2009 im Bereich der Stimulantien. Mit über 90 Prozent, d. h. über 2000 Klienten, ist Crystal die dominierende Substanz in diesem Bereich.«

Doch auch wenn sich der Sucht- und Drogenbericht auf Sachsen als Zentrale des Crystal-Konsums einschießt – es ist eben längst nicht nur

Sachsen. Schon seit 1997 haben auch Bayern und Thüringen ein ähnlich großes Problem. Im Jahr 2011 berichtete die *Süddeutsche Zeitung*, wie in Bayern die Fallzahl anstieg: »Im Jahr 2009 stellte der bayrische Zoll bei 212 Aufgriffen 138 Gramm Crystal sicher. 2010 waren es 109 Fälle und 1200 Gramm. Dieses Jahr verzeichneten die Beamten bereits 370 Fälle und 3,3 Kilo beschlagnahmtes Crystal.«

Und die Beschlagnahmen bilden üblicherweise nur die Spitze des Eisberges, denn das Gros der Drogen wird ja konsumiert, ohne dass die Gesetzeshüter es mitbekommen.

Ein ähnliches Bild in Thüringen, auch dort beherrschte Crystal Meth seit dem Jahr 2010 die Schlagzeilen. »Crystal-Meth-Welle überrollt Erfurt«, hieß es im Februar 2013 in der *Thüringer Allgemeinen*. Wer in der Landeshauptstadt mit Drogen anfange, der nehme Crystal – andere Substanzen würden kaum noch eine Rolle spielen.

Die Grenzen dieser drei Bundesländer aber hat Crystal Meth mittlerweile hinter sich gelassen, immer wieder gibt es Meldungen aus anderen Regionen – wenn auch noch nicht in dem aus den grenznahen Bereichen bekannten Umfang. So berichtete im Mai 2013 der *Berliner Tagesspiegel* über Crystal Meth und über die Tatsache, dass die Droge die Bundeshauptstadt erreicht hat: Die Zahl der Ermittlungsverfahren hätten sich nach Daten des Landeskriminalamtes von elf im Jahr 2010 auf 24 im Jahr 2012 mehr als verdoppelt.

Doch nicht nur solche Berichte und Fallzahlen stehen für die Ausbreitung der Gefahr Crystal Meth. Auch andere, weitgehend unbekannt gebliebene Fakten unterstützen die Befürchtungen.

Das Zollfahndungsamt Hamburg etwa nahm nicht nur zwei Kuriere fest, die mit 800 Gramm Crystal auf dem Weg von der Hansestadt ins dänische Kopenhagen waren. Als einer der bislang größten Schläge gegen Hersteller von Amphetaminartigen Substanzen (ATS) und damit auch den Crystal-Handel gilt ein Fund, den die Fahnder 2012 machten. Im Hamburger Hafen entdeckten sie einen Container mit zehn Tonnen Apaan, weitere 20 Tonnen konnten in den Niederlanden sichergestellt werden. Die Chemikalie ist prinzipiell ein völlig legaler Stoff, allerdings wird sie eigentlich nur in der Forschung genutzt und dort nur im Grammbereich. Mittlerweile weiß man aber, dass Apaan auch eine Neuentdeckung der Drogenköche ist, die diese Chemikalie nun als alternativen Ausgangsstoff für die Herstellung von Amphetamin und auch Methamphetamin und damit eben Crystal nutzen – denn all diese Substanzen besitzen eine ähnliche Grundstruktur. Dass man überhaupt nach solchen Alternativen sucht, rührt daher, dass Ephedrin der Grundstoffüberwachung unterliegt und daher nur in sehr begrenzten Mengen zu bekommen ist.

Experten gehen davon aus, dass sich nur so die massive Nachfrage nach Apaan erklären lässt. In jüngster Vergangenheit wurden nämlich einige weitere aufsehenerregende Sicherstellungen gemacht: So entdeckte die Polizei im April 2013 auch in Krefeld eine Ladung von 4,5 Tonnen des an Waschmittel erinnernden Pulvers.

Solche Funde unterstreichen nicht nur die flächenmäßige Ausbreitung der Droge, sie zeigen durch ihre schiere Masse auch, mit welch großen Mengen die Drogenringe in Sachen Crystal rechnen.

Ein Umstand, der auch dem Bundeskriminalamt nicht verborgen blieb. Im sogenannten Bundeslagebild 2012 zur Rauschgiftkriminalität kam das sogar direkt zur Sprache:

»Bemerkenswert war im Jahr 2012 die in Deutschland festgestellte Nachfrage nach der keinen grundstoffrechtlichen Restriktionen unterliegenden und in einfacher Weise zu dem kontrollierten Grundstoff Benzylmethylketon (BMK) umwandelbaren Substanz Apaan. Häufig war dabei die Verbringung des Stoffes in die Niederlande beabsichtigt. Darüber hinaus wurden mehrfach Transitlieferungen von großen Mengen Apaan aus China über Deutschland in andere europäische Staaten festgestellt.«

Daneben rechneten die Kriminalisten auch aus, was Drogenköche aus dem Apaan tatsächlich machen konnten. Das Ergebnis: Aus 1000 Kilogramm des Stoffes ließen sich 560 Kilogramm Rauschgift herstellen.

Das Bundeslagebild macht außerdem deutlich, dass Tschechien mittlerweile nicht mehr die einzige große Quelle für Crystal Meth ist und dass sich das Problem auch international immer weiter ausbreitet. Überraschend erscheint dabei vor allem, dass sich Afrika zu einem beachtlichen Mitspieler bei Produktion und Handel der Droge aufgeschwungen hat.

»In mehreren Fällen erfolgte der Einfuhrschmuggel von kristallinem Methamphetamin auch aus den Niederlanden und Belgien. Zudem wurden an deutschen Flughäfen mehrere Luftpostsendungen mit dieser Droge aus Nigeria festgestellt.

Wie auch beim Amphetamin sollten unter anderem Einzelmengen bis in den Kilogrammbereich aus Nigeria via Deutschland nach Asien, insbesondere nach Malaysia und auf die Philippinen, geschmuggelt werden.«

Selbst wer diese Fakten noch nicht als Beleg für ein Crystal-Problem in Deutschland und anderen Ländern ansah, musste spätestens bei einer weiteren Passage des Bundeslagebildes 2012 aufmerksam werden. In der ging es um jene Menschen, die von den Rauschgiftfahndern kurz als EKhD bezeichnet wurden – diese Abkürzung steht für »Erstkonsumenten harter Drogen«, also den oft nicht einmal volljährigen Nachwuchs der Szene.

In diesem Zusammenhang gab es ein paar gute und mehrere schlechte Nachrichten. So war nach Ermittlungen des Bundeskriminalamtes die Gesamtzahl der Erstnutzer im Vergleich zum Vorjahr um acht Prozent auf insgesamt 19.559 Personen gesunken. Auch hatte »auf hohem Zahlenniveau« erstmals seit dem Jahr 2003 die Zahl der Erstnutzer von Amphetamin und Methamphetamin um 12 Prozent abgenommen. Ein Umstand, der aber vermutlich einem nachlassenden Interesse am vergleichsweise schwachen Amphetamin geschuldet war:

»Allerdings ist – entsprechend der Entwicklung in 2011 – eine deutliche Zunahme bei kristallinem Methamphetamin (+ 51%) auf einen neuerlichen Höchstwert zu registrieren.«

Wer immer noch nicht verstand, dem machte ein Kuchendiagramm die Lage endgültig klar. Die Grafik war überschrieben mit »Prozentualer Anteil der von EKhD im Jahr 2012 konsumierten Rauschgiftarten«. Ecstasy kam auf sechs, Heroin auf zehn und Kokain zusammen mit Crack auf 17 Prozent. Neben Methamphetamin und Amphetamin stand eine wesentlich höhere Zahl – 65 Prozent.

Zwei Drittel aller Drogeneinsteiger fangen also damit an, und das heißt für einen zunehmenden Teil der Fälle, dass sie Crystal probieren und damit in die Sucht getrieben werden. Selbst wenn bei vielen Langzeitabhängigen abseits von Sachsen, Thüringen oder Bayern noch »alte« Drogen wie Heroin an erster Stelle stehen – der Nachwuchs setzt auf Speed und Crystal. Und zwar schon lange, wie auch das United Nations Office on Drugs and Crime (UNODC) bereits 2011 in einem Bericht zusammenfasste. Allein aus diesem Grund erscheint eine weitere Ausbreitung im Bundesgebiet unvermeidbar.

Außerdem »frisst« Crystal vor allem die sehr Jungen unter den Erstkonsumenten:

»Am höchsten lag der Altersdurchschnitt bei den erstauffälligen Heroinkonsumenten, am niedrigsten bei den erstauffälligen Konsumenten synthetischer Drogen.«

TEIL 2

BINGE

Mara S.: **Ein Freund namens Crystal**

Als ich mein Elternhaus verließ, war ich natürlich traurig, aber das gute Gefühl überwog. Ab jetzt war ich frei, konnte tun, was ich wollte. Auch weil ich ohne Unterstützung durch meine Eltern auskam. Ich musste mir keine teure Wohnung mieten. Eine eigene Wohnung hatte ich mein ganzes Leben lang nicht – bis zu diesem Jahr, kurz bevor ich meine dritte Therapie begonnen habe.

Vorher habe ich nie wirklich einen Sinn in einer eigenen Wohnung gesehen – wenn man auf Crystal ist und nicht schläft, dann braucht man auch keine Wohnung, habe ich mir gedacht. Ich habe all die Jahre immer bei Freunden gehaust, immer in irgendeiner Form von Wohngemeinschaft gelebt.

Heute weiß ich gar nicht mehr, wie die Freunde hießen, bei denen ich zuerst untergekommen bin. Alles, was ich weiß, ist, dass diese ersten Jahre auf Droge und unabhängig von allem die schönsten meines Lebens waren. Da hatte ich immer viel Energie, hatte ständig Spaß – und vor allem hatte ich keine Ahnung, wie die Langzeitwirkungen für den Körper aussehen.

Abgesehen davon: Wenn ich hier von Freunden rede, dann hat das wenig mit den Vorstellungen zu tun, die ein normaler Mensch von Freundschaft hat. Zweckgemeinschaft, so würde ich diese Freundschaften heute nennen. Die wichtigsten Fragen waren: Wer hat eine Wohnung, wer hat ein Auto? Und vor allem: Wer hat Stoff? Gab es jemanden, der die Bedingungen erfüllte, dann war der es, bei dem alle rumhingen. Das war ein Freund.

Wenn ich jemanden traf, der gut aussah und viel Stoff hatte, dann habe ich versucht, ihn zu meinem Freund zu machen. Hatte er nichts mehr, dann habe ich mir halt wieder einen anderen Freund gesucht.

Anderes Beispiel: Wenn ich Drogen gekauft habe, dann lief es meist so, dass der Dealer beim ersten Mal richtig guten Stoff anbot, beim zweiten, dritten Mal auch noch. Danach wurde die Qualität mieser. Es gab selten jemanden, der über längere Zeit guten Stoff in gleich bleibender Qualität lieferte. Hatte ich mal so einen gefunden, dann war der ein Freund.

Echte Freundschaften mit Menschen waren auch vollkommen nebensächlich. Ich hatte ja einen Partner, der mir mehr gab als jeder sogenannte Freund da draußen: Crystal war wie der wichtigste Mensch in meinem Leben, mein allerbester Freund, mein Vertrauter, mein alles. Crystal und ich – der Rest war egal. Ich brauchte keine Freunde.

Crystal und ich, wir haben in diesen Jahren gelebt, wir haben geliebt und das Leben sprichwörtlich aufgesaugt. Crystal und ich sind von einer Wohnung zur nächsten gezogen, sind mal zwei Wochen, mal ein paar Monate und mal auch ein Jahr dort geblieben. Wir fanden es vollkommen normal, wenn da jemand herumsaß und gerade seinen Kau-Fasching hatte, also stundenlang zwanghaft Kaubewegungen ausführte. Wir fanden es amüsant, jemandem zuzuhören, der gerade auf einem Laberflash war und unentwegt redete, wirres Zeug von sich gab und sich ständig wiederholte, während er glaubte, etwas wirklich Weltbewegendes zu erzählen. Mit Crystal habe ich großartige Kunstobjekte erschaffen, die sich für den normalen Menschen nur als ein weiteres gleichmäßig bekritzeltes Blatt Papier darstellten.

Vor allem wurde in dieser Zeit der typische Kreislauf der Droge zur Normalität. Denn Crystal nimmt man nicht einfach, wird high und kommt wieder runter. Es hat seine eigenen Gesetze.

Das Erste, was mit einem passiert, wenn man Crystal gesnieft oder geraucht hat, ist der Rush: Das Herz beginnt zu rasen, der

Blutdruck und der Puls steigen. Das kann eine halbe Stunden so gehen, ist aber nur die Vorstufe zu dem, was für mich und jeden Druffie der eigentliche Punkt war. Nach ein paar Minuten kommt dann das High, das ist genau die Phase, die Crystal für mich so besonders machte. Für einige Stunden, manchmal sogar einen halben Tag hatte ich dann das Gefühl, schlauer als alle anderen Menschen zu sein. Das war die Phase, in der ich besonders intensiv spürte und lebte – und natürlich auch die unzähligen wahnsinnigen Putzaktionen oder Rätselexzesse vollführte.

Diese Phase war diejenige, die eigentlich nie enden sollte. Also kam nun der Binge oder das Binging. Binge bedeutet übersetzt so viel wie Gelage oder Exzess und bezeichnet die Tatsache, dass man versucht, das High durch Einnahme weiterer Drogen möglichst lange aufrechtzuerhalten. Um mein High weitestgehend auszudehnen, nahm ich also immer weiter Crystal. Dadurch konnte ich mich bis zu 14 Tage lang ohne Schlaf auf den Beinen halten, konnte feiern und tanzen.

Das Dumme an dem Binge ist, dass er sich nicht ewig fortsetzen lässt. Jedes Mal, wenn man in dieser Zeit Crystal nimmt, fällt das High weniger großartig aus, bis schließlich der Körper wegen des langen Schlafentzugs umschaltet auf das, was Fachleute Tweaking nennen. Das war für mich immer die schlimmste Phase. Zwei Wochen war ich aufgedreht und gut drauf, doch dann schaltete der Körper auf ein Notprogramm um, ich fühlte mich mies. Dazu kam das Hirngeficke, also die Psychosen und Halluzinationen. Das ging so lange, bis der Crash einsetzte. Da kann man Crystal nehmen, so viel man will, das bringt alles nichts – auch so ein Begriff, den ich erst in der Therapie gelernt habe. Für mich war das einfach der Punkt, an dem der Körper sozusagen abschaltete. Meistens bin ich dann erst nach zwei oder drei Tagen Schlaf wieder aufgewacht.

In diesen Momenten hatte ich dann immer nur den einen Gedanken: Ich will Crystal. Ich wusste ja, wie unbeschreiblich schön das Gefühl auf Droge war, wollte alles tun, um aus der Trostlosigkeit nach dem Aufwachen herauszukommen. Da denkt man dann nicht daran, dass der nächste Crash sicher wieder kommen wird. Man denkt nur an das High, an dieses einzigartige Gefühl – und nicht an den ewig gleichen Kreislauf, der am Ende nur einmal mehr zu einem Crash führt.

Ich frage mich gerade, wie sich das für jemanden anhört, der keine Drogen nimmt. Ob das alles irgendwie nachvollziehbar ist. Vermutlich ist es das nicht, weil niemand das Gefühl und die Stimmungen erlebt hat, die Crystal auslöst.

Wer zumindest eine Vorstellung davon haben will, wie sich Crystal anfühlt, der sollte sich nach einer DVD des Spielfilms *Spun* umhören. Der kam, wenn ich mich richtig erinnere, so um das Jahr 2003 in die Kinos. Und ich kenne keinen anderen Film, der so nah an die realen Empfindungen herankommt, wenn man Crystal nimmt. Ich habe mir *Spun* damals x-mal angeschaut, es war und ist einer meiner Lieblingsfilme. Bei uns in Deutschland lief er mit dem Zusatztitel *Leben im Rausch* – und genau diese Stimmung vermittelt der Film auch.

In *Spun* dreht sich alles um Crystal Meth. Die Handlung ist dabei eigentlich gar nicht so wichtig: Der junge Ross will sich Crystal besorgen und landet bei dem von Mickey Rourke gespielten Cook, dessen Drogenküche abbrennt. Ross hilft ihm beim Neuaufbau des Labors in einem Wohnwagen, der dann wieder explodiert.

Wichtiger als dieser Rahmen ist aber, dass in dem Film fast ausnahmslos jeder Charakter auf Crystal ist – sodass nicht jede Handlung der Personen für den Zuschauer wirklich nachvollziehbar ist. Vor allem hat der Regisseur darauf geachtet, dass sich auch die Bilder den wirren Gedanken und der von Drogen vernebelten Realität der Personen anpassen. Das wird besonders deutlich in einer Szene, in der Ross mit der Freundin des Cook im Auto unterwegs ist. Beide sind auf Crystal, sie erzählt von ihrem dreijährigen Sohn, den der Staat ihr weggenommen hat, er spricht begeistert davon, dass er in eine gewisse Amy verliebt ist. Beide reden also vollkommen aneinander vorbei, scheinen jedoch selbst den Eindruck zu haben, ein sinnvolles Gespräch zu führen. Immer wieder unterbrochen wird die Unterhaltung von bildhaften Gedankenblitzen, die einige Sekunden alles andere überlagern und wieder verschwinden, um einem vollkommen anderen Bild, einer anderen Idee Platz zu machen. Was die Protagonisten ebenso intensiv und angenehm erleben wie ihre eigentlich vollkommen sinnlose Unterhaltung.

So ist Crystal. Die Dinge werden dadurch nicht besser, aber zumindest hat man eine Weile den Eindruck, dass sie besser sind, dass alles, was im nüchternen Zustand elendig langweilig und unsinnig erscheint, eine verborgene Schönheit besitzt, die es nur unter dem Einfluss von Crystal entfaltet.

DIE REALITÄT DER STRASSE: CRYSTAL IN LEIPZIG

Leipzig gilt als die älteste Messestadt der Welt, als die Stadt mit dem längsten Kasernengebäude Europas und dem höchsten Rathaus Deutschlands. Doch Leipzig hat auch ein Drogenproblem und in jüngster Zeit vor allem eines mit Crystal.

Angefangen hat alles – wie in den meisten Städten der ehemaligen DDR – in den frühen Neunzigerjahren nach der Öffnung der Grenzen zum Westen. »Das ist uns sozusagen auf die Füße gefallen«, sagt Willie Wildgrube, amtierender Leiter des Sachgebiets Straßensozialarbeit der Stadt Leipzig. Vorher waren Drogen in der Stadt kein Thema, nun musste man sich in die unbekannte Problematik erst einmal einarbeiten und sich mit ihr auseinandersetzen.

»Wir haben dann ein Konzept erarbeitet. Dabei ging es unter anderem um Hilfe für Frauen, die sich im Drogenmilieu prostituierten, ebenso wie um Möglichkeiten für den Spritzentausch.«

Als man mit der Arbeit an dem Konzept begann, war Crystal noch weitgehend unbekannt – es ging daher hauptsächlich um die Süchtigen, die sich etwa Heroin und andere Drogen spritzten. Für die stellte gerade der Mehrfachgebrauch von Spritzen ein erhebliches zusätzliches Infektionsrisiko dar. Umgesetzt wurde das Konzept ab dem Jahr 2001.

Kaum hatte man diese Hürde genommen, kam es dann erstmals auch zum Kontakt mit einer neuen Droge namens Crystal, erinnert sich die Streetworkerin Jacqueline Netwall. »Die erste Berührung mit der Droge hatten wir im Jahr 2002. Ich erinnere mich an einen jungen Mann, der Opiate, Speed und eben auch Crystal genommen hatte.«

Auf diesen ersten Kontakt folgte dann eine frühe, aber im Vergleich zu heute noch sehr schwache Crystal-Welle. »Das spielte sich aber vor allem in einem Partykontext ab«, so Netwall. Junge Menschen putschten sich für das Wochenende mit der neuen Droge auf. Gleichzeitig fand aber auch eine Vermischung von Crystal- und Heroinkonsum statt.

»Viele spätere Heroinkonsumenten sind über diese Partyszene gekommen.« Man nahm damals zum Feiern »etwas Schnelles« als Aufputschmittel – also Crystal. Wenn die Partys dann am Ende des Wochenendes vorüber waren, griff mancher zum Heroin, um wieder »runterzukommen«, nicht wenige sind dann ganz am Heroin hängen geblieben. Die Droge Crystal dagegen verschwand nach einer Weile wieder aus dem Bewusstsein und zunächst auch aus der Stadt.

Dass sie einige Jahre später mit Macht zurückkehren sollte, dafür waren unterschiedliche Gründe und ein ungewöhnliches Zusammenspiel von scheinbar nebensächlichen Umständen verantwortlich. Nicht zuletzt hatte auch der Fußball seinen Anteil an einer problematischer werdenden Situation.

Ursprünglich sammelte sich die Leipziger Drogenszene nämlich dort, wo sie auch in zahllosen anderen Städten zu Hause ist. Rund um den zentral gelegenen Hauptbahnhof. »Das änderte sich allerdings im Jahr 2006, als Deutschland Austragungsort der Fußball-Weltmeisterschaft war«, so Willie Wildgrube. Im Zentralstadion der Stadt Leipzig – der heutigen Red Bull Arena – sollten nicht weniger als fünf Weltmeisterschaftsbegegnungen stattfinden, darunter auch ein Achtelfinalspiel. Man konnte sich also sicher sein, dass die Welt auf die Stadt schaute und eine große Zahl ausländischer Besucher zu erwarten war. Denen sollte natürlich ein positives Bild gezeigt werden, das durch nichts getrübt werden durfte. Schnell ging es dann auch um die Frage, was Touristen wohl sagen würden, wenn sie schon am Hauptbahnhof über den einen oder anderen Junkie stolperten. Erschwerend kam hinzu, dass 2006, fünf Jahre nach den Anschlägen auf das World Trade Center in New York, die Angst vor terroristischen Anschlägen noch extrem groß war, sodass die Vorbereitung der Weltmeisterschaft auch in manchen Akt von Übereifer mündete. »Man hat dann«, so Wildgrube, »alle Menschen, die irgendwie anders aussahen, aus der Umgebung des Hauptbahnhofs entfernt.«

Die Drogenszene sah sich daher von einem Augenblick zum nächsten um ihr traditionelles Zentrum gebracht, das nicht nur für Junkies, sondern auch für die Straßensozialarbeiter oder die Polizei ein bekanntes und in begrenztem Maße kontrollierbares Pflaster dargestellt hatte. Richtung Westen ließ man die Abhängigen nicht abziehen, denn dort lag das Stadion. Also ging es weiter nach Osten, in Richtung der Eisenbahnstraße. Der Leipziger Osten gilt traditionell als Arbeiterviertel. Viele Gebäude dort waren während des DDR-Regimes stark heruntergekommen, es gab und gibt dort zahlreiche leer stehende Wohnungen.

Immer wieder unternahm Leipzig Anläufe, die Situation dort zu verbessern. So wurde gerade die Eisenbahnstraße bis zum Jahr 2004 im Grunde generalüberholt, um ihre Attraktivität als Geschäfts- und Einkaufsstraße zu steigern. Jedoch mit begrenztem Erfolg. Noch heute heißt es auf der offiziellen Internetpräsenz der Stadt, dass im Leipziger Osten »nach wie vor viel Arbeit notwendig ist, um den Stadtteil zu einem konkurrenz- und zukunftsfähigen Stadtteil Leipzigs zu machen«.

Positiv gesagt, war und ist die Gegend um die Eisenbahnstraße ein Gebiet, das viele unterschiedliche Menschen anzieht und auch als der wohl multikulturellste Teil der Stadt gilt. Negativ ausgedrückt, handelte und handelt es sich um einen Problemstadtteil, dessen Situation nicht gerade dadurch verbessert wurde, dass die städtische Drogenszene nahezu gezwungen wurde, dorthin abzuwandern.

Doch Leipzig und die Drogen, das ist kein Thema, das sich auf Lokalitäten beschränken lässt. Zum Ende des ersten Jahrzehnts des neuen Jahrtausends kam noch der Umstand erschwerend hinzu, dass Polizei und Sozialarbeiter eine deutlich unterschiedliche Vorstellung davon hatten, wie denn am sinnvollsten mit dem Thema umzugehen sei. Die Sozialarbeiter setzten auf Hilfsangebote und Unterstützung. Die Polizei dagegen war der Meinung, dass gerade die gebotenen Unterstützungen weitere Junkies in die Stadt ziehen würden. Im Klartext bedeutete das: Die Polizei entschied sich zum harten Durchgreifen. Bereits 2008 erklärte sie die Eisenbahnstraße zum Kriminalitätsschwerpunkt. Vor allem auch, weil die Drogenszene dort eher offen agierte. Der Handel geschah also nicht im Verborgenen, Dealer und Konsumenten machten ihre Geschäfte auf offener Straße.

Daneben wurde insgesamt immer stärker auf Großkontrollen und Razzien gesetzt. Eine Taktik, mit der die Polizei einige Erfolge erzielte – jedenfalls vordergründig. Weil zu der Zeit noch Heroin als die Droge Nummer eins in der Stadt galt, lag der Fokus auch auf der Bekämpfung des Heroinhandels. Im Jahr 2009 wurden insgesamt immerhin 25 Kilogramm der Droge sichergestellt. 2010 konnte man den »größten Heroinfund aller Zeiten« in Leipzig feiern – auf einen Schlag wurden 22 Kilogramm aus dem Verkehr gezogen. Dieser Erfolg hatte allerdings eine deutliche Schattenseite, deren Folgen sich in der Zeit danach bemerkbar machten. Denn: »Danach gab es einfach kein Heroin mehr auf der Straße«, erklärt Willie Wildgrube. Was für das Heer der Heroinabhängigen natürlich zu einem existenziellen Problem wurde. Schließlich waren sie ja nicht einfach Teilzeitkonsumenten, die mit den Schultern zucken und nach Hause gehen konnten. Sie waren süchtig, sie brauchten ihren Stoff. Und wenn es das Heroin nicht mehr gab, dann musste eben etwas anderes her. Also kam es, wie es kommen musste: »Die Abhängigen sind umgestiegen.« Der Markt hielt im Jahr 2010 ja auch etwas bereit, auf das sie schnell und vergleichsweise problemlos umsteigen konnten. Nachdem Tschechien die Drogengesetze gelockert hatte und die Grenzen geöffnet waren, kam nun immer mehr von einer Droge nach Dresden, auf die sich die Rauschgiftfahnder bisher nicht konzentriert hatten, da sie ihre Kräfte vor allem der Heroinbekämpfung gewidmet hatten: Crystal. »Vor 2010 war Crystal uns zwar schon bekannt, aber es war unbedeutend. Ab 2010 ist es dann auf den Markt gedrängt«, so Wildgrube.

Unbewusst und ungewollt hatte die Polizei somit der neuen Droge Tür und Tor geöffnet. Das Crystal war zu dieser Zeit nicht einfach eine neue Droge, die ihre Konsumenten erst überzeugen und dann abhängig machen musste. Es füllte vielmehr die Lücke aus, die Heroin hinterlassen hatte, nachdem es von den Straßen gedrängt worden war. Aus Heroin-Junkies wurden Meth-Heads, also Crystal-Abhängige.

Außerdem führten die Erfolge der Polizei noch zu einem weiteren Umdenken in der Drogenszene: Man tarnte die verbotenen Transaktionen nun besser. Zwar gibt es in der Eisenbahnstraße auch heute noch offen agierende Dealer. Laut Wildgrube hat sich ein beachtlicher Anteil der Geschäfte jedoch hinter die verschlossenen Türen kleiner Bars oder Geschäfte verlagert.

Der veränderte Konsum hatte jedoch auch an anderer Stelle einschneidende Veränderungen zur Folge. Die Sozialarbeiter mussten sich nun ebenfalls mit neuen Problemen herumschlagen, deren Ursachen vor allem in der vollkommen unterschiedlichen Wirkung der neuen Droge lagen – und an der Unwissenheit der Konsumenten.

»Es kamen ehemalige Heroinabhängige zu uns, die sagten plötzlich, dass sie clean waren«, erzählt Jacqueline Netwall. Clean, weil sie nun nur noch Crystal nahmen. Die Junkies sahen Crystal also anfangs noch gar nicht als richtige Droge auf einem Level mit Heroin an, sondern freuten sich, dass sie mithilfe des Methamphetamins von ihrer langjährigen Sucht losgekommen waren. Manche setzten es sogar einfach ein, um die Begleiterscheinungen des sonst so schmerzhaften und anstrengenden Heroinentzugs zu umschiffen, und merkten gar nicht, dass sie damit einfach nur die Abhängigkeit von einer anderen Substanz förderten.

Das führte schließlich auch zu einem vollkommen neuen Alltag in den Beratungsstellen. Bisher kannte man dort eben vor allem die Verhaltensweisen von Heroinkonsumenten. Die standen unter einer Droge, die eher betäubend wirkt. Was man gewohnt war, das war daher der

Umgang mit etwas »heruntergedimmten« Menschen. Da kam es schon mal vor, dass ein Hilfesuchender immer wieder in einen seltsamen Sekundenschlaf fiel, danach den zuvor angefangenen Satz vollenden wollte und wieder einschlief, bevor er Augenblicke später erneut aufwachte und das nächste Wort hervorbrachte. Was nicht bedeuten soll, dass Heroin harmlos ist – das ist es ganz sicher nicht.

»Heroinabhängige verhalten sich aber eben vollkommen anders als Menschen, die Crystal nehmen«, so Willie Wildgrube. »Heroin, sagen viele Abhängige, das sei ein Gefühl wie verliebt sein. Die Menschen fühlen sich zufrieden, sind guter Laune und ruhig. Crystal dagegen verleiht das trügerische Gefühl, ein Übermensch zu sein. Das führt auch dazu, dass die Stimmung umschlägt und aggressiver wird.«

Wenn Jacqueline Netwall an die Arbeit mit den Heroinkonsumenten zurückdenkt, dann erinnert auch sie sich daran, dass alles in einer gedämpften Stimmung geschah, dass sie mit den Hilfesuchenden ruhig über Probleme und eventuelle Auswege aus der Sucht sprechen konnte. »Dann wurde das plötzlich alles anders. Mit Crystal wurden die Leute nicht nur aggressiver, manche tanzten wild im Büro, alles musste denen plötzlich ganz schnell gehen.« Gleichzeitig erkannten die Straßensozialarbeiter auch, wie groß die Schere zwischen dem war, wie Crystal-Nutzer sich selbst sahen, und dem, was am Ende tatsächlich herauskam. Zwar sollte alles rasend schnell geschehen, auf der anderen Seite fehlten ihnen beispielsweise die Übersicht und Klarheit, um einfach nur einen simplen Antrag auszufüllen.

Auch in der Drogenszene insgesamt veränderte sich die Situation. Die Streetworker mussten zusehen, wie Menschen rapide an Gewicht verloren, zusehends verfielen. Zudem zeigte sich die neue Aggressivität im Alltag ebenfalls deutlich. Gab es unter Heroineinwirkung ein betäubtes Miteinander, rasteten manche der Crystal-Junkies schon bei dem geringsten Anlass aus. Es gab Schlägereien, blau geschlagene Augen waren bald mehr die Regel als die Ausnahme. Was man zuvor ebenfalls nicht in dem Ausmaß kannte, das waren die Psychosen, unter denen nun zahlreiche Süchtige litten. Mal vermutete einer, dass sich unter seiner Haut lebende Tiere bewegten, und kratzte sich am ganzen Körper blutig. Anderen waren laut Jacqueline Netwall fest davon überzeugt, dass fremde Mächte sie durch die Löcher in den Steckdosen beobachteten und sie verfolgten.

Die Veränderungen setzten sich fort bis hin zur Art der Beschaffungskriminalität. Zwar ist grundsätzlich keine Form von Kriminalität gutzuheißen, deren einziger Zweck das Eintreiben von möglichst viel Geld für den nächsten Rausch ist. Doch wer Willie Wildgrubes Zusammenfassung hört, würde vermutlich lieber einen Heroin-Junkie als ungebetenen Gast haben. »Die Beschaffungskriminalität hat sich mit der Art der Droge sehr verändert. Wer heroinabhängig ist, der beschafft sich sein Geld überwiegend durch friedliche und für ihn selbst wenig anstrengende Diebstähle. Auf Crystal ist der Mensch dagegen der Meinung, dass er alles kann und alles schafft. Was auch dazu führt, dass er höhere Risiken eingeht, bei denen er nicht nur sich, sondern auch andere stärker gefährdet. Die Palette reicht vom Einbruch in Häuser und Wohnungen über den Handtaschenraub auf der Straße bis zum Überfall auf Geschäfte inklusive ›Hände hoch‹ mit dem Messer in der Hand.«

Die einzig gute Nachricht ist da noch, dass Crystal-User bei ihren Taten keine Schusswaffen einsetzen – zum einen fehlen ihnen in der Regel die nötigen Kontakte, um eine Waffe zu bekommen. Daneben gilt als typisches Crystal-Verhalten eben auch, dass alles, was irgendwie von Wert ist, zu Geld gemacht wird für die Droge. Und eine Schusswaffe dürfte den Bedarf für Wochen decken.

Was die Straßensozialarbeiter jeden Tag erleben, ist natürlich nur die Spitze des Eisbergs – sie haben ja vor allem Kontakt zu den Süchtigen, die auf der Straße anzutreffen sind oder die Hilfe wollen und Beratung suchen.

Worüber auch Willie Wildgrube und Jacqueline Netwall nur spekulieren können oder zeitweise als Gerücht etwas hören, das ist die andere Zielgruppe des Crystal – denn die Droge ist längst schon in Gesellschaftsschichten weit abseits der üblichen Drogenszene angekommen.

»Beim Methamphetamin geht es ja ganz viel auch um Lifestyle und Leistungsfähigkeit«, erklärt Netwall. Wer Crystal nimmt, will sich also vielfach gar nicht von der restlichen Gesellschaft abschotten. Er hofft vielmehr, noch besser darin bestehen zu können, auch dadurch, dass Crystal ihm eben zu neuen Kräften und mehr Leistungsfähigkeit verhilft. Genau das sind Punkte, die Crystal für viele Menschen so anziehend machen, die ihr Leben auf die Karriere, das Vorankommen im Beruf ausgerichtet haben.

»Man hört schon, dass es sich auch in der arbeitenden Bevölkerung verbreitet«, so Jacqueline Netwall. Wie sehr, das lasse sich bislang jedoch nur vermuten. Niemand könne auf Anhieb sagen, ob die gerade besonders aufgekratzte Verkäuferin von Natur aus so ist oder ob ihr Verhalten chemisch unterstützt ist. Und wenn ein Geschäftsmann mal die Nacht durcharbeitet, kann es sein, dass die Lage der Dinge das einfach erfordert – aber auch andere Theorien sind sicher möglich.

Als besonders anfällig für die Einnahme von Crystal zur Leistungssteigerung halten Netwall und Wildgrube Berufsgruppen, in denen es um das Bewältigen von umfangreichen, aber gleichzeitig auch recht eintönigen Arbeiten geht – etwa Maler und Anstreicher.

Doch das sind derzeit eher theoretische Überlegungen. Ganz und gar nicht theoretisch ist in Leipzig aktuell aber ein anderer Umstand: Mittlerweile hat das Heroin in gewissen Mengen den Weg zurück in die Stadt gefunden. Für die einst davon Abhängigen ist das allerdings kein Grund, nun dem Crystal den Rücken zu kehren. Stattdessen werden Fälle bekannt, in denen die Abhängigen beides gleichzeitig nehmen. Was auf den ersten Blick eigentlich verrückt erscheint, da die Substanzen so gegensätzlich wirken. Die eine dämpft, die andere putscht auf. Doch genau das scheint der gewünschte Effekt zu sein, vermutet Jacqueline Netwall: »Man ist im Kopf gedimmt, fühlt sich aber trotzdem leistungsfähig.« Dass der Körper dann aber gleich mit zwei potenziell tödlichen Substanzen kämpfen muss, das ist für die Junkies kein Thema.

Mara S.: **Sex, Drugs & Techno**

Die Dinge schöner erleben, als sie sind, den Alltag ausblenden und kristallklar denken können. Das war so ungefähr die Grundstimmung, in der ich die ersten Jahre nach dem Auszug bei meinen Eltern lebte. Alles außer diesen Gefühlen war im Grunde unwichtig.

Jeder andere hätte es vielleicht für einen Abstieg gehalten, dass ich aus dem Einfamilienhaus meiner Eltern zu Leuten zog, die mit sieben, acht oder zehn anderen in einer Hartz-4-Bude in einem Plattenbau an der Armutsgrenze hausten. Mir war das komplett egal, ich habe die jeweilige Wohnung immer vollkommen anders empfunden und erlebt. Nicht die Wohnung war wichtig, sondern der Rausch und die Gefühle. Und dazu die Musik, Techno gehörte für mich zu mir, wie Crystal zu mir gehörte.

Musikkenner werden vielleicht bemängeln, dass ich einfach so von Techno rede. Schließlich war die große Techno-Welle zu meiner Zeit am Beginn des neuen Jahrtausends schon fast ein halbes Jahrzehnt vorüber, es gab zahllose Bewegungen des Techno von Acid House bis Trance. Aber für mich war das alles einfach Techno. Mir ging es um die schnelle, laute Musik, den Rhythmus, die Beats pro Minute, das Bumm, Bumm, Bumm. Wenn wir Party machten mit Crystal und Techno, dann ergänzte sich das beides zu einem noch intensiveren Rausch. Wir tanzten tagelang, ohne dass wir wirklich Erschöpfung spürten. Wir machten das einfach, weil es sich gut anfühlte – so gut, dass es am besten nie enden sollte.

Und da war noch etwas, das sich mit Crystal absolut einzigartig anfühlte: Sex. Vielleicht gehört es sich nicht, dass ich das sage. Aber mit Crystal hatte ich absolut perfekten Sex. Mit Crystal habe ich Sex so unglaublich tief empfunden und ich habe ihn bis zum Letzten ausgekostet.

Aber vielleicht sollte ich damit aufhören. Natürlich möchte ich, dass man versteht, warum ich so lange an der Droge hing. Aber ich möchte das alles keinesfalls so schildern, dass es sich anhört, als wäre Crystal ein Traum, den jeder erleben müsste. Wer an dieser Stelle mit dem Gedanken spielt, das Zeug vielleicht nur ein einziges Mal selbst auszuprobieren, der sollte sich bewusst machen, was danach passiert. Nämlich genau das, was mir geschehen ist. Man bleibt daran hängen und bekommt nicht einmal mit, wie es einen zerstört.

Es mag sein, dass meine Erzählung etwas zusammenhanglos wirkt. Aber auch das ist eine Nachwirkung der vielen Jahre mit Crystal. Die Erinnerungen springen immer noch hin und her. Mal schieben sich einfach so die schönen Zeiten in den Vordergrund, dann treten aber auch die dreckigstes Phasen brutal ins Bewusstsein.

Gerade fällt mir ein, dass mich Crystal schnell davon überzeugt hat, dass ich wirklich nichts anderes brauche – also gar nichts anderes als die Droge. Als ich bei meinen Eltern auszog, habe ich nicht etwa meinen Kleiderschrank ausgeräumt und meine schönsten Sachen mitgenommen. Ich hatte nur so viel dabei, wie ich für das Überleben benötigte. All die Jahre auf Crystal bestand mein persönlicher Besitz aus einem Rucksack und dem, was darin Platz hatte. Da war ein Handtuch drin, dazu ein paar Klamotten zum Wechseln, Shampoo und ein Schraubendreher. Wozu ich den brauchte, dazu komme ich später noch. In den ersten Jahren war er nicht so wichtig, später dann ein unentbehrliches Instrument im täglichen Überlebenskampf, dem Kampf um Geld und Crystal.

Habe ich schon gesagt, dass die ersten Jahre traumhaft waren? Vermutlich habe ich das mindestens einmal erwähnt. Um ehrlich zu sein, war nicht alles traumhaft. Jeder weiß, dass Drogen Geld kosten und dass das Geld irgendwoher kommen muss. Anfangs hielt sich mein Konsum noch in Grenzen. Da bin ich immer mal wieder zu Besuch zu meinen Eltern gefahren und habe etwas Geld mitgehen lassen. Um es ganz deutlich zu sagen: Ja, ich habe auch meine Eltern bestohlen, obwohl ich sie liebte und wusste, dass sie immer zu mir halten. Crystal war wichtiger. Ich bin sicher nicht stolz darauf, aber es ist die Wahrheit. Manchmal habe ich auch in einem Geschäft etwas mitgehen lassen, das ich verkaufen konnte. Kleinigkeiten, nicht wirklich wertvolle Dinge.

Mit der Zeit wurde ich bei der Geldbeschaffung immer erfinderischer. Da habe ich dann auch nicht vor den Menschen haltgemacht, bei denen ich wohnte oder mit denen ich rumhing. Ich wusste ja: Die Freunde, bei denen ich gewohnt habe, waren Menschen, in deren Umfeld ich an Crystal kommen konnte. Das waren Leute, die einige gute Connections hatten, da gab es was und da konnte man vielleicht selbst noch ein gutes Geschäft machen. Ich hatte einen guten Riecher dafür, wo das gerade am besten ging. Wenn ich etwas hörte, bin ich da hin und wohnte da. Bei Druffies ist es ja so, dass niemand gern allein ist. Deswegen hatte auch nie jemand was dagegen, wenn ich in seine Wohnung einzog.

Es gab dann immer Möglichkeiten, die eigene Kasse aufzubessern und an mehr Crystal zu kommen. Manchmal habe ich einen Teil von meinem Stoff genommen, ihn mit fein gemahlenem Kunststoff gestreckt und weiterverkauft – das hat nie jemand gemerkt.

Für mich bedeutete das: Ich hatte immer noch genug Crystal für den Tag und gleichzeitig schon wieder etwas Geld für den Nachschub. Rücksicht war nie ein Thema. Rücksicht auf andere gab es nicht, ich habe mich nur dafür interessiert, dass ich genug hatte.

WEGE IN DIE CRYSTAL-SUCHT

Länger feiern können, das ganz besondere Gefühl im Kopf spüren. Was Mara S. in die Sucht trieb, ist sicher typisch, aber wie auch die Sozialarbeiter in Leipzig schon erklärten, ist Crystal eine Droge, die sich nicht an typische Einstiegsszenarien hält. Das Methamphetamin wird verbunden mit mehr Leistungsfähigkeit, gilt als Lifestyledroge. Daher ist auch der Konsum von Crystal in der Arbeitswelt mehr als nur eine abstrakte Vermutung. Es gibt sie tatsächlich, die Menschen, die Crystal nehmen, weil sie in der Welt der Leistung bestehen wollten.

Daneben gibt es auch tragische Geschichten, die von Süchtigen erzählen, die eigentlich nie wirklich dauerhaft eine Droge nehmen wollten. Diese Menschen wurden durch ein unglückliches Zusammenspiel von Zufällen und Momenten zu Crystal-Junkies.

Zwei Beispiele dafür sind die Geschichten von Dennis W. und Sandra C. Beide Lebenswege unterscheiden sich deutlich voneinander und von bekannten Suchtgeschichten.

1. Leistung, Leistung, Leistung

Dennis W. ist ein junger Mann, der niemandem auf der Straße auffallen würde. Er ist Mitte 20, trägt das gescheitelte Haar kurz und dazu eine modische Brille mit Metallrand. Wer ihn sieht, kommt schnell auf den Begriff »durchschnittlich«. Wahrscheinlich wäre Dennis W. auch ein durchschnittlicher deutscher Arbeitnehmer geworden, der wie viele andere in seiner Jugend mal mit Drogen experimentiert und irgendwann einfach aufgehört hätte – wäre er dabei nicht eines Tages auf Crystal gestoßen.

Als Jugendlicher begann Dennis W. nach der Schule eine Lehre als Lackierer, schloss sie ab und stieg zum Vorarbeiter auf – doch dann zerstörte die Droge seine zunächst recht erfolgreiche Berufslaufbahn gründlich und warf ihn schließlich vollkommen aus der Bahn. Er erzählte seine Geschichte im Interview und berichtete dabei auch, wie die Crystal-Mafia instabile junge Menschen regelrecht zum Konsum von Methamphetamin drängte.

»Ich bin 26 Jahre alt, konsumiere seit zehn Jahren Drogen. Illegale Drogen, davor zwei Jahre Alkohol. Es ging über Ecstasy-Tabletten los, danach Amphetamine, Kokain, dann habe ich Pilze probiert. Mit 17 habe ich das erste Mal Crystal konsumiert. Durch die Nase halt auch, so wie es gängig war.«

»Also stand Crystal schon mit am Anfang des Drogenkonsums?«
»Ja, Crystal kam damals wie eine Welle zu uns, das habe ich allerdings erst ein paar Jahre später in der Zeitung gelesen. Da sind dann alle von den Aufputschmitteln, den Amphetaminen, die wir hatten, umgestiegen. Alle gleich auf Crystal. Das wurde auf Partys konsumiert, aber es hat nicht lange gedauert, da haben es viele täglich gemacht. Ich halt auch. Habe dann versucht, mich immer wieder über Amphetamine zu retten, also im Prinzip das geringere Übel zu wählen. Was natürlich auch keine Lösung war.«

»Gibt es ein Warum? Warum ging es mit den Drogen los, dem Alkohol mit 14?«
»Ich denke, es waren meine persönlichen Probleme. Irgendwas im Leben, über das ich nicht weiter nachdenken wollte,

das ich verdrängt habe. Man wurde ausgeglichener dadurch, und dann bin ich schließlich irgendwie reingerutscht. Wenn man Problem hatte, hat man sie weggekifft – anfangs. Aber die biologischen Sachen, das Kiffen, das fand ich harmlos. Da habe ich mir auch immer noch gesagt: Chemie nicht. Keine chemischen Drogen. Irgendwann habe ich dann doch auch mal danach gegriffen.
Dazu kam, dass ich gar nicht wusste, dass es sich um Ecstasy handelte. Der Name wurde damals teilweise verfremdet, das hieß dann ›Teile‹ – ich habe erst ein halbes Jahr später mitbekommen, was das bedeutet, dass es eben eigentlich Ecstasy ist.«

»›Teile‹? Wie ›das Teil‹?«
»Ja, man hat dann einfach ›Teile‹ genommen, es letztlich mit dem Begriff verniedlicht. Die hatte man halt dabei. Wenn man dann seine ›Teile‹ nahm, war es eben nicht so schlimm. Man nahm kein Ecstasy, sondern einfach ein Zeug, mit dem es einem gut ging. Das begann dann erst mal jedes Wochenende. Ob man danach arbeiten musste oder nicht, war egal, man nahm es trotzdem jedes Wochenende. Eine Regelmäßigkeit war da schon vorhanden. Von daher war dann der Sprung leicht zu anderen Sachen.«

»Und Crystal war nur eine von vielen Möglichkeiten?«
»Richtig, Crystal war eines von vielen. Als ich dann mitbekommen habe, dass irgendwie jeder Crystal genommen hat, da habe ich erst mal noch versucht, weiter meine Teile zu nehmen. Aber irgendwann ist man an die weniger schlimmen Drogen gar nicht mehr rangekommen, auf einmal gab es nur noch Crystal. Aber weil das ja jeder konsumiert hat,

habe ich mir dann auch gar keine Gedanken mehr darüber gemacht.«

»Es gab also ein Monopol, nur noch Crystal war erhältlich?«

»So in der Art. Da hörte man dann ›Is nicht, haben wir heute nicht da‹, wenn man was anderes haben wollte. Es gab einfach nichts anderes mehr, weil alle nur noch Crystal konsumiert haben und es keinen Markt für andere Drogen mehr gab – oder weil jemand wollte, dass wir nur noch Crystal nehmen. Bei mir war es nach einer Weile auch so, ich wollte irgendwann gar nichts anderes mehr. Ich habe dann ganz aufgegeben, Amphetamine zu nehmen, und nur noch Crystal konsumiert. Also Crystal, Cannabis und Alkohol.«

»Aber neben dem Drogenkonsum gab es ja sicher auch noch ein Leben – wie sah das aus?«

»Ich habe ganz normal meine Lehre gemacht von 16 bis 19, ich habe keine Pausen gemacht. Danach war ich dann zwei Monate arbeitslos. Während der Lehre ging es immer noch, da war es, wie gesagt, immer nur das Wochenende. Aber irgendwann stieg es dann. Da war der Leistungsdruck auf der Arbeit, man hat gesehen, man kann was erreichen mit Arbeit. Ich hatte im Leben nichts weiter. Mein Ziel war arbeiten – arbeiten, arbeiten, arbeiten, Leistung, Leistung, Leistung. Wenn man arbeitet, muss man eine Leistung erbringen. Und dabei half mir Crystal. Ich habe dann auch eine gewisse Karriere gemacht. Relativ schnell sogar, mit 21 war ich Vorarbeiter. Dadurch stieg dann die Leistungsanforderung weiter. Da habe ich dann angefangen, immer häufiger zu konsumieren. Auch weil es dann schwierig wird, wenn man am Wochenende konsumiert hat. Da war man dann halt wach, so zwei, drei Tage durchgehend. Danach musste man sich natürlich eigentlich ausruhen, aber man konnte sich nicht mehr ausruhen wegen der Arbeit. Die Zeit zum Ausruhen gab es nicht, also habe ich Crystal konsumiert, um wieder wach zu bleiben. Da war ich dann so fünf, sechs Tage wach. Ich bin ganz normal zum Arbeiten gegangen, das ging mit Crystal alles.«

»Das hat niemand gemerkt?«
»Nein, niemand hat etwas gemerkt. Ich konnte das immer ganz gut verbergen, sodass es niemandem auffiel. Gerade in meiner Position als Vorarbeiter ging das natürlich ganz gut. Man konnte den Untergebenen immer sagen, ich muss mal kurz weg, muss mal hierhin fahren, mal dorthin. Die Zeit habe ich dann natürlich genutzt zum Konsumieren. Dann war ich wieder wach, war motiviert, konnte einen guten Eindruck machen. Das war mir wichtig, dafür habe ich immer gesorgt, dass die Leute einen guten Eindruck von mir hatten. Das war mein Leben, die Arbeit war mein Leben. Ich hatte nichts anderes.«

»Was bedeutet das – ich hatte nichts anderes? Sie haben allein gelebt und gearbeitet, sonst nichts?«
»Genau, das war es halt. So ist es eben im Kapitalismus. Menschen wollen aufsteigen von klein nach groß, wollen Karriere machen. Das ist der Weg, den ich gegangen bin.«

»Wie lange ist das gut gegangen?«
»Vier Jahre ist es gut gegangen, vier Jahre hat niemand etwas gemerkt. Ich war zwischendurch auch bei der Bun-

deswehr, habe also eine Zeit lang auch mal etwas weniger konsumiert. Da war man nicht so gefordert – da ging es dann auch mal.«

»Ohne Entzugsgefühle?«

»Habe ich, ehrlich gesagt, noch gar nicht darüber nachgedacht. Ich habe das einfach so gemacht. Außerdem hatte ich beim Bund endlich mal Zeit zu schlafen. Beim ersten Mal wurde ich übrigens ausgemustert wegen THC – das ist der Bestandteil, der in Cannabis hauptsächlich die Rauschwirkung ausmacht. Aber THC ist nur kurz nachweisbar, weil es nur vier bis fünf Tage im Urin ist. Beim zweiten Mal wusste ich das, da habe ich dann mal eine Woche nichts genommen und wurde zugelassen. Während der Grundausbildung habe ich wieder nur an Wochenenden konsumiert. Nach der Grundausbildung wurde es dann wieder mehr, und nach der Zeit bei der Bundeswehr ging es wieder richtig los. Da bin ich gleich wieder arbeiten gegangen. Schon in den ersten Wochen beim Probearbeiten – ich weiß noch, dass ich Crystal schon nach den Mahlzeiten konsumiert habe. Das lief für mich immer so: aufstehen, essen, konsumieren. Arbeiten bis Mittag, wieder essen, wieder konsumieren. Dann abends nicht schlafen können, wieder konsumieren, die Nächte durchmachen.«

»Spielte Geld dabei keine Rolle, oder war Crystal so billig?«

»Ich bin ja arbeiten gegangen. Ein Gramm hat 70 Euro gekostet, ich bin so auf zwei Gramm wöchentlich gekommen. Also im Grunde 200 Milligramm pro Arbeitstag.«

»Das sind 140 Euro in der Woche.«
»Ich hatte ja nicht viel anderes im Leben, da ging das.«

»Aber 140 Euro in der Woche sind 560 Euro im Monat.«
»Ich brauchte nicht mehr als Crystal. Ich hatte irgendwann mal den Gedanken, dass ich nur arbeiten gehe, um mir irgendwas chemisch Zusammengekipptes zu kaufen, damit ich wieder arbeiten kann. Aber ich funktionierte. Dieser Druck auf der Arbeit war das Einzige, was es gab und was ich hatte. Ich habe da auch keinen Ausweg gesehen.«

»War denn überhaupt der Wunsch nach einem Ausweg da?«
»Nein, nicht wirklich, wenn man so weit kommt. Ich habe mir auch eingeredet, ich kriege das mit dem Crystal hin. Die zwei Gramm in der Woche waren für mich passabel, das Geld war da, ich hatte, wie gesagt, nichts anderes. Ich hatte schon vorher nichts anderes und bin da einfach so reingewachsen.«

»Wie haben Sie sich damals selbst gesehen? Haben Sie zu sich gesagt: ›Ich bin ein Drogenabhängiger‹?«
»Auf keinen Fall. Ich bin einer, der dann und wann mal Crystal nimmt. Das ging die ganze Zeit so. Erst in der Therapie konnte ich zu mir sagen: Ich bin ein Drogensüchtiger.«

»Wann und wie ist die ganze Sache dann gekippt?«
»Eigentlich ging es mir finanziell ja gut, ich habe gut verdient, konnte mir Crystal leisten. Meine Wohnung und das Auto haben die Eltern bezahlt. Trotzdem habe ich irgendwann – kurz nach der Bundeswehrzeit – angefangen, auch

zu verkaufen. Das ging los, als ich mal wieder Amphetamine gekauft hatte. Das Zeug hat mir aber nicht gefallen, da habe ich die verkauft und mir von dem Geld Crystal besorgt. Da habe ich dann noch mehr verdient und habe mit dem Spielen angefangen.«

»Neben der Arbeit?«
»Genau, neben der Arbeit. Da sah mein Leben dann so aus: arbeiten, Crystal, spielen.«

»Sie haben zu Beginn des Gesprächs gesagt, Sie hatten gar nichts, es gab niemanden in Ihrem Leben – nun kamen eben die Eltern ins Spiel. Es gab also doch jemanden, das Leben war kein völlig leerer Raum?«
»Doch, es war trotzdem leer. Weil ich mit denen nicht gesprochen habe. Aber das war auch egal. Für mich war alles gut, damit war die Sache gegessen. Ich habe über all das, die Familie und so, ohnehin nicht nachgedacht – mein Antrieb waren die Leistung auf Arbeit und die Droge.«

»Trotzdem kam der Punkt, an dem Sie von der Droge loskommen wollten. Warum?«
»Weil ich eingesehen habe, dass es so nicht mehr weitergehen kann. Irgendwann bin ich auch mit kriminellen Leuten mitgegangen, obwohl ich dafür eigentlich nicht so der Typ bin. Man geht mit, um doch noch mehr Geld zu beschaffen, macht Einbrüche und solche Sachen. Weil ich Crystal bezahlen musste, was ich nicht konnte, weil ich wieder Spielen war und verloren habe. Ich bin dann auch zu meinen Eltern, habe die beklaut. Auf der Arbeit habe ich Sprit abgezapft, also Benzin, und habe das verkauft.«

»Es gab also immer noch genügend Energie, um all das zu überlegen und durchzuführen?«

»Ja, es ist ja nicht so wie bei Heroin und solchen Dingen. Man ist immer aktiv, will immer was machen. Man übertrifft sich in seinen Leistungen quasi. Wenn man nicht schlafen kann, hat man schließlich 48 oder auch mal 70 Stunden Zeit, etwas zu machen. Man sagt nicht umsonst, dass es eine stimulierende, aufputschende und euphorisierende Droge ist. Das ist ja das Schlimme. Man kann sich immer wieder einreden, dass man ja was macht. Man geht arbeiten, man ist aktiv und funktioniert. Es ist alles in Ordnung – in Wahrheit pfeift man sich natürlich immer wieder Crystal rein, um gut dazustehen und sich selbst zu glauben.«

»Was genau führte dann zum Zusammenbruch?«

»Letztendlich das Spielen. Dieser ständige Druck. Und dann die Arbeit, ich war ein Vorgesetzter, aber irgendwann konnte ich die Leute nicht mehr anleiten, weil ich einfach viel zu sehr mit mir beschäftigt war. Wenn der Chef im Urlaub war und ich seine Arbeit auch noch übernehmen musste, da war ich am Ende der Woche fertig, da habe ich dann nur noch geheult. Da war so viel zu machen, hier ein Telefonat, dort fragt einer. Und immer wieder ich, der noch mit sich selbst zu tun hat. Trotzdem habe ich immer wieder versucht, nichts zu nehmen. Ich bin dann so um sechs aufgestanden und habe das bis acht durchgehalten, habe dann was gegessen. Da kam dann das Gefühl, ich müsste jetzt Schlaf nachholen – schlafen, schlafen, schlafen. Ich hatte früher immer so meinen Rhythmus – mal vier Stunden schlafen und dann wieder vier Tage wach. Aber irgendwann holt sich der Körper das, was er braucht. Da ist es dann vollkommen egal, wo man ist. Auch beim Autofahren.

Da bin ich dann aufgewacht, als der Baum auf mich zukam, und habe dann noch kurz rübergezogen.«

»Also konnten Sie das Problem irgendwann auch bei der Arbeit nicht mehr verbergen?«
»Nein, irgendwann hat natürlich auch mein Chef etwas gemerkt. Der wusste, dass ich nur für die Arbeit gelebt habe. Eines Tages hat er sich dann mit mir zusammengesetzt, hat gesagt, dass es so nicht weitergeht. Ich habe genickt, habe ihm gesagt, ja, ja, ich weiß. Gleichzeitig wollte ich immer noch einfach nur Leistung erbringen. Bei mir ging es nur noch um Leistung, Leistung, Leistung. Wenn ich was ändern würde, dann ginge meine Position verloren, das war mir klar. Aber ich konnte ja auch mit niemandem reden. Die Untergebenen würden es nicht verstehen, die Bekannten, die man so trifft, auch nicht.«

»Was wusste denn der Chef zu dem Zeitpunkt?«
»Der Chef ahnte sicher was, ich weiß aber nicht, wie viel. Vielleicht wollte er es auch nicht wahrhaben, so wie ich. Was er gemerkt hat, das war, dass ich die Arbeit immer weniger auf die Reihe bekam. Trotzdem hatte er wohl immer noch Achtung vor meiner Leistung. Später hat er in der Kündigung geschrieben: ›Ohne Ihre Aufopferungsbereitschaft wäre unser Unternehmen nicht dahin gekommen, wo es heute ist.‹«

»Trotzdem hat er die Kündigung geschrieben.«
»Ja, das lief aber eigentlich auch alles nicht rechtens. Ich hatte da gerade mal wieder von Freitag bis Sonntag geschlafen, bin aufgewacht und dachte wie immer nur, ich muss jetzt arbeiten, arbeiten, arbeiten. Aber ich hatte wohl in der Woche vor-

her vergessen, irgendwelche Sachen in der Firma zu machen, die ich erledigen sollte. Das soll davor auch schon mal passiert sein. Ich konnte zu der Zeit einfach nicht mehr, aber ich habe es mir nicht eingestanden. Da hat der Chef dann die Kündigung ausgesprochen. Ich habe mich am Tag darauf noch im Internet informiert und mir eingebläut, dass ich auf keinen Fall einen Aufhebungsvertrag unterschreiben darf. Am nächsten Tag habe ich dann trotzdem einen Aufhebungsvertrag unterschrieben – so fertig war ich. Das war alles zu viel, die haben alle geredet, aber ich wollte dann nur noch da raus.«

»Wie genau wurde die Kündigung denn begründet? Es ist ja seltsam, dass der Chef gleichzeitig Ihre Leistung lobt.«
»Ich glaube, er hat gesagt wegen Verschlafen. Ich habe mal eine Abmahnung gekriegt wegen Verschlafen. Der wusste, dass ich manchmal verschlafe – er wusste aber auch, dass ich mich dann wieder völlig aufopfere für die Arbeit.«

»Haben Sie sich am Ende im Streit getrennt?«
»Nein, wir haben sogar noch ein Bier getrunken. Dabei habe ich ihm dann auch alles erzählt. Da hat er gesagt: Vielleicht hättest du das alles ohne Droge gar nicht geschafft. Er hat auch gesagt, dass ich nach einem Entzug und einer Therapie wiederkommen kann – als Lackierer, aber nicht mehr in einer Rolle als Führungsperson. Das ist jedoch im Moment keine Option für mich.«

»Wie ist das Leben danach weitergegangen und wie sind Sie dann von Crystal losgekommen?«
»Schon in den letzten Tagen, als ich noch gearbeitet habe, aber alles immer schwieriger wurde, bin ich zur Suchtbe-

ratung gegangen. Ich hatte für mich erkannt, dass ich Hilfe brauchte. Trotzdem habe ich mir selbst zu dem Zeitpunkt immer noch eingeredet, dass ich es allein schaffe. Eine Freundin hatte ich zwar, aber die hat mich betrogen, war also auch keine Hilfe. Außerdem war die ohnehin nur bei mir, weil sie wusste, dass sie von mir Crystal bekommen konnte. Am Ende habe ich mich ganz allein dafür entschieden, dass ich eine Therapie machen wollte.«

»Wie fühlen Sie sich heute?«
»Gut, ich schaue wieder in die Zukunft. Ich weiß, dass es nicht so weitergehen kann wie bisher, das ist keine Option mehr für mich. Damit meine ich jeglichen Konsum. Ich weiß, dass mich Alkohol dahin geführt hat, wo ich irgendwann war. Darum möchte ich auch keinen Alkohol mehr trinken. Ich denke, das Leben kann so, wie es ist, wertvoll und schön genug sein. Ich weiß außerdem, dass die Welt nicht so leistungsorientiert ist, dass man konsumieren muss, um in ihr zu bestehen. Man muss einfach nur auch mal Nein sagen, das konnte ich früher auch nicht.«

»Wie sehen Ihre Zukunftspläne aus?«
»Meine jetzige Freundin hat ein Kind. Nicht von mir, aber ich liebe meine Freundin und auch das Kind. Ich möchte mit ihnen leben. Ein normales Leben leben. Das Kind hat mir gezeigt, dass das Leben wichtig ist, nicht die Arbeit oder die Drogen. Einfach irgendwo eine kleine Nummer sein auf Arbeit und das Leben leben. Das sind meine Zukunftspläne.«

2. Wenn der das kann, kann ich das auch

Anders als Dennis W. ist Sandra C. eine auffällige Erscheinung. Nicht, weil Crystal sie dazu gemacht hat, sondern weil sie sehr attraktiv ist und die Droge ihren Körper nicht vollkommen zerstört hat. Doch das gilt in erster Linie für Äußerlichkeiten, innerlich hat sich Crystal Meth tief in die Seele der gerade Zwanzigjährigen gefressen.

Sandra C. hatte eine behütete Jugend und wäre vermutlich nie zu einer Süchtigen geworden, hätte es in ihrem Leben nicht entscheidende Zufälle und Momente der Unachtsamkeit gegeben. Wer mit ihr redet, spürt vom ersten Augenblick an, dass sie sich noch nicht mit der Rolle einer ehemaligen Crystal-Abhängigen abgefunden hat. Immer noch ist sie im Grunde eine völlig bürgerliche Person, der die vergangenen Jahre vor allem peinlich sind. Während andere Crystal-Opfer wie Dennis W. und Mara S. ausführlich über die Jahre ihrer Sucht berichten, gibt sie sich bei den Schilderungen der Vergangenheit daher auch eher zurückhaltend und wirkt schüchtern. Ihre Erzählung geschieht stockend, springt zwischen Ereignissen hin und her und lässt wesentliche Einzelheiten aus – trotzdem oder vielleicht gerade deswegen ist sie besonders eindringlich.

»Ich hatte eigentlich nie etwas mit Drogen zu tun. Das waren Sachen, die mich auch gar nicht interessierten. Dass ich dann trotzdem welche probiert habe, das war ganz einfach Leichtsinnigkeit. Selbst als ich zum ersten Mal Crystal genommen habe, hätte ich nicht im Traum daran gedacht, dass ich mal süchtig werde.«

»Wie ist es zu diesem ersten Mal gekommen?«

»Eigentlich fing es durch meinen Exfreund an. Was heißt durch ihn – es war ja immerhin meine Entscheidung. Er hat mir ja nicht gesagt, dass ich das Crystal nehmen soll. Ich wusste damals, dass er kifft und ab und zu auch mal chemische Drogen nimmt. Ich habe ihn dafür nicht verurteilt, aber mich selbst hat das, wie gesagt, nie interessiert. Dann haben wir uns irgendwann mal gestritten, richtig heftig gestritten. Da war ich so wütend, dass ich dann aus Trotz oder Leichtsinn was von seinem Crystal probiert habe.«

»Um ihm etwas wegzunehmen?«
»Nein, das war eher so ›Wenn du das kannst, dann kann ich das auch‹. Als ich es genommen habe, war es dann tatsächlich so, wie alle es erzählt haben, ein unglaubliches Gefühl im Kopf. Trotzdem war es nicht so, dass ich dann sofort richtig drauf war. Bei mir ging es dann ungefähr ein Jahr gut. Da habe ich das immer mal am Wochenende genommen, dann mal zwei oder vier Wochen nicht, dann wieder am Wochenende.«

»Also anfangs noch immer alles einigermaßen unter Kontrolle?«
»Ja, ich habe es genommen, weil ich einfach mal wieder dieses Gefühl im Kopf haben wollte. Mit der Zeit habe ich dann auch festgestellt, dass Crystal unterschiedlich wirken kann. Manchmal macht es einfach nur klar und wach. So wach, dass einem irgendwann die Augen wehtun, weil man die Augen nie zumacht, die sind die ganze Zeit offen. Manchmal dagegen ist es anders, da dreht es einfach im Kopf – das ist auch etwas, das manche schön finden, ich auch.
Aber ich war nicht abhängig. Ich habe mich sogar im Internet schlaugemacht, was Crystal ist, wie es wirkt und wel-

che Folgen es haben kann. Zum Beispiel wegen der Zähne. Ich wusste bald, dass Crystal etwas mit den Zähnen macht, deswegen war ich da immer besonders vorsichtig. Zähneputzen ist zum Beispiel nicht immer hilfreich. Wenn man gerade etwas genommen hat, soll man sich nicht vorsichtshalber die Zähne putzen - das Crystal macht ja auch den Zahnschmelz weich.«

»Aber Informationen und Vorsicht haben nicht vor der Sucht geschützt?«
»Ja und nein, bei mir ist das seltsam gelaufen. Mit 17 bin ich schwanger geworden. Ich weiß, wie sich das anhört und was die meisten Menschen über Teenagermütter denken. Deswegen möchte ich sagen, dass ich zwar zeitig Mutter geworden bin, aber ich war von Anfang an gerne Mutter.

Als das Kind auf die Welt gekommen ist, da habe ich dann erst mal auch überhaupt nichts mehr genommen. Ich habe mich völlig auf das Kind konzentriert. Erst vier Monate später, als er aus dem Gröbsten raus war, habe ich dann wieder angefangen. Wieder so am Wochenende. Aber auch längst nicht jedes Wochenende, das war unregelmäßig, weil ich mich ja vor allem um das Kind gekümmert habe.
Ein Jahr später kam mein zweiter Sohn zur Welt. Da habe ich wieder aufgehört mit dem Crystal, mich um meine beiden Kinder gekümmert. Ich war einfach Mutter und fand das schön.«

»Was ist dann geschehen?«
»Nach einer Weile hat es mit meinem Ex dann nicht mehr so funktioniert. Wegen der beiden Kinder hatten wir ja nicht

mehr so viel Zeit füreinander und wir waren noch sehr jung. Da ist viel Mist passiert ...
(Pause)
Da habe ich dann wieder angefangen. Abends, wenn die Kinder im Bett waren, einfach um mal abschalten zu können vom ganzen Tag. Da habe ich immer noch gedacht, ich habe das alles im Griff. Hatte ich auch, denke ich. Bis zu einem Tag, an dem es zwischen mir und meinem Expartner richtig eskaliert ist ...«

»Eskaliert, bedeutet das körperliche Gewalt?«
»Psychische Gewalt habe ich erlebt, keine körperliche, aber psychische. Ich möchte da nicht weiter drauf eingehen, aber es war schrecklich.
Ich habe dann mit meinem Exfreund Schluss gemacht. Wir waren zu der Zeit beide schon voll auf Crystal, waren abhängig. Aber er ist nach der Trennung direkt zum Jugendamt gegangen und hat zu denen gesagt: ›Ich bin süchtig.‹ Dann ist er in die Therapie – im Grunde hat er von einem Tag auf den anderen aufgehört. Bei mir hat das nicht geklappt. Auch weil danach noch so viel Mist passiert ist.«

»Was ist passiert?«
»Weil ich mit ihm Schluss gemacht hatte, ist mein Ex dann zu meinen Eltern gegangen, einfach nur, um mir eine reinzuwürgen. Für mich war es immer das Schlimmste, wenn meine Eltern es erfahren hätten. Also dass ich süchtig bin. Das war so schrecklich, immer der Druck, den ich hatte, dass meine Eltern das nicht mitkriegen ...
Dann ist er mit den Kindern bei meinen Eltern eingezogen. Ich habe mich da in der Opferrolle gesehen: Mein Ex hat

mir meine Kinder weggenommen – und meine Eltern. Die wollten nichts mehr von mir wissen. Ich habe zu mir gesagt, dass all die anderen daran schuld sind, dass ich jetzt Probleme habe. In der Zeit ist viel in mir kaputtgegangen. Und ich habe dann mehr genommen – immer mehr und mehr.«

»Warum nehmen die Eltern den Exfreund mit den Kindern auf und verstoßen die Tochter?«
»Weil er denen erzählt hat, dass ich abends immer unterwegs bin und meine Kinder vernachlässige. Aber ich bin ja nicht einfach so losgezogen oder in Bars und Clubs gegangen. Wenn ich unterwegs war, dann nur, weil ich immer für ihn Zeug besorgen sollte, Crystal. Natürlich auch für mich. Manchmal war ich dann vielleicht mal 'ne Stunde länger weg, weil nicht alles so geklappt hat, wie es sollte. Aber ich will die Schuld trotzdem nicht auf ihn schieben, es war ja auch mal alles gut zwischen uns.«

»Der Exfreund darf ja nicht einfach so die Kinder mitnehmen, es gibt schließlich Gesetze. Was genau ist geschehen?«
»Also eines Tages kam das Jugendamt zu mir. Zusammen mit meinen Eltern. Das hat mich total fertiggemacht, dass die dabei waren. Zuerst haben die vom Amt noch gesagt, dass die sich das nur mal anschauen wollten. Die haben ja noch nicht einmal einen Drogentest bei mir gemacht. Aber dann haben sie mir die Kinder trotzdem weggenommen. Sie haben mir gar keine Möglichkeit gegeben, dass ich in betreutes Wohnen komme mit den Kindern oder so. Dann hat das Jugendamt gesagt, die Kinder sind bei meinen Eltern erst mal besser aufgehoben. Das kam mir alles so ungerecht vor damals.«

»Sie selbst wollten nicht wieder bei den Eltern wohnen?«
»Ich war da schon zu sehr in der Sucht drin. Ich konnte doch nicht bei meinen Eltern sein, wenn ich drauf bin. Mein Ex war zu der Zeit schon clean. Eigentlich wollten wir uns abwechseln, dass ich mal einen Tag bei den Kindern bin und bei meinen Eltern schlafe und dann er. Aber das habe ich nicht auf die Reihe bekommen. Der war dann doch immer irgendwie dabei, ich wollte den nicht mehr sehen.
Für mich war das so schlimm, dass ich nicht mehr für meine Kinder da sein konnte, wie ich wollte. Da habe ich mich dann so zugestofft ...«

»Wovon haben Sie das Crystal bezahlt?«
»Also, erst mal brauchte ich ja nicht so viel. In der Anfangszeit so 40 Euro in der Woche. Herrgott, das ist auch viel, aber ...
Dann wurde es immer mehr, immer mehr, immer mehr. Das kostete natürlich auch ziemlich viel. War auch schwierig mit dem Geld.
Ich habe dann aber einen Weg gefunden, das zu finanzieren ...«

»Einen Weg, nach dem ich besser nicht fragen soll?«
»Sie können es sich sicher denken. Wenn man so als Frau ... Männer sind körperlich stärker, die kommen auf anderen Wegen zu Geld. Als Frau bleibt eigentlich nur ...
Da bin ich dann ziemlich weit abgerutscht. Immer mehr Drogen, immer mehr. Dazu die Sehnsucht nach den Kindern. Irgendwann klingelte dann mein Handy, mein Ex war dran. Der wollte mich besuchen mit den Kindern. Als wir dann alle beieinander waren, wollte ich, dass das immer so

bleibt. Ich habe mich dann auch wirklich zusammengerissen, habe mit dem Crystal aufgehört. Aber der Stoff lässt einen nicht so leicht los, das Verlangen kam immer wieder, ich habe es unterdrückt, so gut es ging. Bis ich dann aus irgendeinem dummen Grund doch wieder angefangen habe.
Ich war aber immer noch so klar – oder manchmal so klar –, dass ich für mich selbst gemerkt habe: So kann es nicht weitergehen, ich muss mit dem Crystal aufhören. Vor allem wegen meiner beiden Kinder.
Deswegen mache ich jetzt eine Therapie, ich will endgültig von der Droge loskommen. Und nach der Therapie kommen die Kinder wieder zu mir. Mein Ex und ich, wir haben jetzt geteiltes Sorgerecht.«

Die Geschichten von Dennis W., Sandra C. und Mara S. sind äußerst unterschiedlich verlaufen, sie haben aber auch eine Gemeinsamkeit: Sie alle waren sehr jung, als sie mit Crystal in Kontakt kamen. Dass die Droge aber auch erwachsene Menschen mit reichlich Lebenserfahrung abhängig macht, dafür steht beispielhaft Enrico Schaefer. Der Mann aus Halle ist auch einer der wenigen, die sich öffentlich zu ihrer jahrelangen Crystal-Sucht bekennen. Der heute 42-Jährige war schon Mitte 30 und Familienvater, als er erstmals mit dem Methamphetamin in Berührung kam. Was ihn an der Droge anfangs vor allem begeisterte, war die Tatsache, dass er sich wieder jung fühlte und nächtelang in Clubs feiern konnte. »Ich konnte wieder lange wach sein, hatte Lust darauf, etwas zu erleben. Alles war wieder genial, ich habe mich manchmal gefühlt, als wäre ich 18 Jahre alt.«

Doch auch bei Schaefer folgten auf die anfängliche Euphorie schnell die Schattenseiten der Droge. Die Lust auf das Gefühl, das ihm der Stoff vermittelte, ließ ihn immer häufiger nach der Droge greifen. Und so wurde er schließlich abhängig. Enrico Schaefer konnte nun zwar tagelang feiern, war aber nicht mehr fähig, seinen Job als Autohändler auszuführen. Stattdessen besorgte er sich das notwendige Geld auf andere Weise. In Tschechien kaufte er günstig größere Mengen Crystal. Nicht nur für den Eigengebrauch – Schaefer begann, damit zu dealen.

Auch mit der Lust am Feiern war es bald vorbei. Schaefer saß vielmehr in seiner Wohnung herum, starrte Stunde um Stunde auf sein Aquarium. Sein Körper baute zusehends ab, die Haut war von Unreinheiten übersät, die Zähne fielen ihm aus.

Bald wurde die Polizei auf den abhängigen Crystal-Dealer aufmerksam. Enrico Schaefer wurde verhaftet, das Gericht verurteilte ihn wegen Drogenhandels zu einem Jahr Gefängnis. Diese Zeit hinter Gittern sollte für ihn zur Rettung werden. In seiner Zelle wurde er wieder er selbst und erlangte sogar eine Fähigkeit zurück, die er in seiner Zeit auf Crystal fast vergessen hatte: Er konnte wieder lachen. »Draußen drehte sich alles nur um Crystal, da hatte ich das Lachen verloren. Ich musste erst im Gefängnis sein, um das wieder zu lernen.«

Nach seiner Entlassung fasste Enrico Schaefer den Entschluss, sein Leben wieder in den Griff zu bekommen. Und anders als zahllose Crystal-Abhängige schaffte er es tatsächlich. Heute ist der 42-Jährige seit vier Jahren clean und arbeitet in der Altenpflege.

Mara S.: **Schluss mit lustig**

Der Abstieg ging langsam los. Das hat fünf Jahre gedauert. Fünf Jahre habe ich einfach so konsumiert mit Freunden, bin auch in die Öffentlichkeit gegangen und habe gefeiert. Aber die Reserven, die man hat, die sind irgendwann aufgebraucht, selbst wenn man noch jung ist. Ich war kaum 20 und erkannte selbst, dass ich nicht mehr gut aussah. Ich hatte Ringe unter den Augen, die Wangen waren eingefallen, alles an mir wirkte irgendwie matt und krank.

Außerdem waren da immer wieder diese Zwangshandlungen, wie die Therapeuten es nennen. Für mich waren das meine Filme. Immer gleiche Handlungen, zu denen man durch Crystal neigt und die nicht immer spurlos an einem vorübergehen, wenn sie den eigenen Körper betreffen.

Es gab einen Tag, da stand ich vor dem Spiegel und bemerkte einige Pickel im Gesicht. Was auch so eine typische Nebenerscheinung der Droge ist. Also beschloss ich, was wohl auch ein ganz normaler Teenager machen würde. Ich wollte die Pickel ausdrücken. Was dann aber extrem mit der Neigung zu den Zwangshandlungen kollidierte. Beim Entfernen der realen Hautunreinheiten blieb es nämlich nicht. Ich stand vielmehr stundenlang vor dem Spiegel, drückte und kratzte in meinem Gesicht herum, am Ende war ich von der Stirn bis zum Kinn blutüberströmt. Jeder, der mir in den Tagen danach begegnet wäre, hätte wohl bemerkt, dass da etwas nicht vollkommen in Ordnung war.

Aber auch abgesehen von solchen auf den ersten Blick erkennbaren Blessuren ging es mit mir deutlich bergab. Mir war klar: Ab jetzt weiß nicht nur ich, dass ich süchtig bin, jeder andere wird es mir ansehen.

Trotzdem gab es immer noch einen Rest des normalen Lebens in meiner Welt. Denn obwohl ich zu dieser Zeit schon viele Jahre in der Szene war, standen meine Eltern hinter mir und halfen, so gut es ging. Die wollten einfach nicht aufgeben, haben mich tatsächlich auch immer mal wieder überredet, mir einen Job zu suchen oder eine Lehre zu beginnen.

Ich wusste zwar selbst, dass ich für einen Arbeitgeber schon längst nicht mehr tragbar war. Meinen Eltern zuliebe habe ich es dennoch versucht. Wenn ich dann tatsächlich mal irgendwo genommen wurde, war das Ergebnis immer das gleiche – ich bin überall wieder rausgeflogen. Weil ich die Arbeit nicht schaffte, weil ich wie ein Junkie aussah und mich auch so benahm, also einfach anders als ein normaler Mensch.

In dieser Phase änderte sich auch mein Alltag nach und nach. Die Zeit der fröhlichen Partys ging vorüber, alles wurde dunkler und trister. Ich habe mich da so abgeschossen, dass ich tagelang gar nicht mehr den Mut hatte rauszugehen. Immer wieder war da diese gedankliche Zerrissenheit: Mal stand ich vor dem Spiegel und fand mich einen Moment lang schön. Gleichzeitig war mir aber bewusst, dass ich auf Droge war und man mir das eben ansah. Nicht nur wegen der Augenringe oder der zerkratzten Hautstellen. Ich war ständig schweißgebadet, schon wenn ich morgens aufgewacht bin – wenn ich denn überhaupt mal aufgewacht bin, ich habe ja oft wochenlang nicht geschlafen.

Es gab Tage, da stand ich in der Wohnung und wusste, dass ich zum Discounter musste, um etwas einzukaufen. Das löste dann regelrechte Angstzustände aus, wenn ich daran dachte. Ich war nicht mehr nur äußerlich ein Junkie, auch die Psyche machte nicht mehr richtig mit. Allein der Gedanke, dass ich jetzt rausmusste, durch die Stadt gehen musste, das war der Horror. Überall Menschen, Autos, alles bewegt sich und ich muss da durch. Wenn ich es dann tatsächlich geschafft hatte, machte das die Sache auch nicht besser. Ich weiß noch, wie ich einmal im Supermarkt Wodka kaufen wollte.

Den Weg durch die Straßen hatte ich hinter mir, aber dann stand ich nach all der Aufregung und Panik im Laden und wusste einfach nicht mehr, was ich da eigentlich wollte. Ich habe gezappelt und gezittert, vielleicht habe ich auch wirres Zeug gestammelt, weil ich wollte, dass mir wieder einfällt, weswegen ich da bloß reingegangen war.

Da ging im Kopf alles durcheinander, ich habe über alles nachgedacht, nur nicht über etwas Sinnvolles. Ich dachte über das Ein- und Ausatmen nach, darüber, dass ich existierte. Immer noch existieren – das war in dem Moment ein furchtbarer Gedanke. Auch weil man mit dem Atmen nicht einfach so aufhören kann. Um diese Gedanken loszuwerden, brauchte ich wieder Crystal, und so dachte ich im Geschäft dann schließlich nur noch: Stoff muss her.

Ich glaube, meine Drogenzeit kann man so zusammenfassen: Die ersten fünf Jahre auf Crystal waren traumhaft, weil ich die Realität ausblenden konnte, dann ging es ein paar Jahre bergab und die letzten fünf Jahre waren das vollkommene Gegenteil der ersten Phase. Obwohl ich mit immer mehr Crystal gegen die Realität gekämpft habe, merkte ich langsam, dass das alles irgendwie doch eine Krankheit war.

Dann kam auch noch die Einsamkeit dazu. Eine Einsamkeit, vor der ich immer schwerer fliehen konnte. All die Jahre hatte ich mich mit Partys und Techno, mit Männern und sogenannten Freunden abgelenkt. Aber am Ende hatte ich einen Punkt erreicht, an dem diese Quellen der Ablenkung erschöpft waren. Ich hatte all die Dinge getan, die ich als Fünfzehnjährige unbedingt machen wollte. Ich hatte all diese Partys besucht, ich hatte die Musik so laut und so oft gehört, wie es möglich war. Nun hatte das Ganze nicht mehr den Reiz wie am Anfang.

In den Wohnungen, in denen ich unterkam, habe ich bis zum Umfallen gebastelt und gemalt, bis dann wirklich auch die letzte Lust darauf vorüber war. Ich habe immer wieder über Tage und Wochen die gleichen Sachen gemacht, weil ich sie machen wollte – bis dieses Thema wirklich durch war. Wenn man all diese Dinge und Wünsche bis zum Erbrechen ausgeschöpft hat, dann fühlt sich auch das Crystal nur noch sinnlos an. Davon los kommt man aber trotzdem nicht.

Irgendwie habe ich während dieser Jahre gleich zwei sinnlose Leben gelebt. Das Leben im klaren Zustand hatte keinen Reiz, weil ich nicht wusste, was ich damit anfangen sollte – also was ich mit mir und mit der Welt anfangen sollte. Das Leben auf Droge verlor ebenso an Sinn und Reiz, denn die Fluchten führten nicht mehr zum Ziel. Das war im Endeffekt so eine Art Schizophrenie. Ich blieb dann bei der Droge, weil sie mittlerweile so selbstverständlich geworden war. Nach all den Jahren war das so normal wie das Ein- und Ausatmen, das man ja auch nicht verhindern kann. Ich hatte auch schon lange nicht mehr die freie Entscheidung für oder gegen die Droge. Tatsache ist, dass Crystal in meinem Kopf längst die Macht übernommen hatte, mein freier Wille war von der Sucht übernommen worden.

Crystal gab sich auch immer wieder Mühe, in meinem Kopf neue Gründe für den Drogenkauf zu schaffen. Wenn die eine Tätigkeit ihren Reiz verloren hatte, bot das Gehirn irgendwann Alternativen an, mit denen Crystal mich bei der Stange halten konnte. Im Rückblick waren das lächerliche Dinge, die mir aber wieder ein wenig Sinn in meinem Leben gaben. Von außen betrachtet, wurde ich mit der Zeit immer seltsamer und habe immer seltsamere Sachen gemacht.

Ich habe ja schon erzählt, dass ich ganz am Anfang meiner Drogensucht während der kurzen Hotellehre Dinge notiert habe, mit denen ich meine Arbeit ordnen wollte, ohne dass diese Notizen jedoch einen Sinn ergeben hätten.

Viele Jahre später fing ich wieder mit dem Aufschreiben an. Nur ging es jetzt nicht mehr um eine Arbeit, ich schrieb einfach alles auf. Crystal erzeugte in meinem Kopf ständig andere Ideen, neues Wissen, das ich in dem Moment überwältigend und großartig fand. Das hat mich so begeistert, dass ich all diese Einfälle aufschreiben wollte, damit ich nur ja nichts davon vergesse. Ich habe mir deshalb ein dickes Buch besorgt und wirklich alles ausführlich darin notiert, ich habe geschrieben und geschrieben, damit ich auch jedes Detail davon für die Ewigkeit festhalte – nur habe ich dann im Endeffekt so viel aufgeschrieben, dass ich gar nicht mehr wusste, wo und was ich nachschlagen sollte. Trotzdem habe ich nicht aufgehört. Selbst als mir das irgendwann auffiel, habe ich weitergemacht. Wichtig war allein der Prozess des Aufschreibens, weil er mir eine letzte kleine Möglichkeit bot, die Ausweglosigkeit meiner Situation zu vergessen.

Die Droge führt einfach dazu, dass das Gehirn ständig sinnlos rattert, und man kann nichts dagegen tun, man kann nicht aufhören. Auf Droge will man alles hinkriegen, andauernd etwas machen und hat gleichzeitig stets neue Ideen, was man noch tun kann, bis das alles einen unentwirrbaren Gedankenklumpen bildet.

Als ich später mal in meine vielen über die Jahre vollgeschriebenen Bücher geschaut habe – mit klarem Kopf –, da habe ich erst realisiert, dass absolut nichts Sinnvolles darin stand. Nichts, was im Alltag auch nur im Entferntesten wichtig sein könnte. Meistens habe ich gar nicht mehr verstanden, worum es dabei ging.

Für einen normalen Menschen, der keine Drogen nimmt, liegt vielleicht die Frage nahe, ob mich nicht irgendjemand von meinem Schreibwahn abgehalten hat. Ob es nicht irgendwen gab, der einfach mal fragte, was das denn sollte, warum ich das machte. Die Antwort lautet Nein. In meinem Umfeld gab es niemanden, der solche Fragen stellte, niemand fand das irgendwie ungewöhnlich.

Der Grund dafür ist, dass alle Leute, bei denen und mit denen ich gelebt habe, auf Crystal waren. Ein anderer Mensch hatte da auch keinen Platz.

Niemand hätte überhaupt begriffen, warum wir taten, was wir taten, niemand hätte verstanden, worüber wir redeten. Stellen Sie sich vor, Sie kommen in einen Raum und darin sind mehrere Leute. Eine Frau sitzt auf einer Matratze und schreibt unentwegt sinnloses Zeug in ein Buch, in einer anderen Ecke hockt jemand und hantiert mit einem Haufen Schrauben und zahllosen Kabeln, versucht übereifrig, etwas damit zu basteln, ohne dass erkennbar ist, welches Ziel die Bastelei hat. Ein Dritter spricht ohne Pause immer wieder die gleichen Sätze, während ein anderer unaufhörlich mit der Zunge schnalzt und sich am Kinn kratzt. Das alles hat für einen Beobachter absolut keinen Sinn, die Süchtigen machen aber immer weiter, über Stunden und über Tage – weil sie genau das tun, was sie in dem Moment machen wollen, weil das, was sie tun, sie vollkommen ausfüllt. Ein normaler Mensch würde das nicht aushalten, der würde denken, die sind doch alle irre hier. Als Süchtiger sieht man das ganz anders. Man überlegt: Die haben aber geilen Stoff genommen, wo haben die den bloß her?

KURZSCHLUSS IM KOPF – WIE CRYSTAL MENSCHEN ZERSTÖRT

Crystal macht rasend schnell süchtig und zerstört den Körper – aber warum eigentlich? Was unterscheidet das kristalline Methamphetamin so sehr von anderen Suchtstoffen, dass es als gefährlichste Droge der Welt gilt?

Wenn es um die spezifische Gefahr des Crystal geht, dann müssen verschiedene Faktoren berücksichtigt werden. Dazu zählt auch, wie die Droge eigentlich genommen wird – und in welchen Mengen die Süchtigen das tun.

Das klassische Pervitin wurde in Tablettenform oral genommen und vom Körper dann langsam resorbiert. Außerdem handelte es sich bei einer Tablette um gerade einmal drei Milligramm Wirkstoff als Einzeldosis und maximal 30 Milligramm am Tag, während Crystal in Mengen von etwa 80 bis 150 Milligramm konsumiert wird.

Die Tabletten wurden nach und nach im Magen aufgelöst und dann im Stoffwechsel des menschlichen Körpers umgesetzt. Die Wirkung trat aus diesem Grund mit einer gewissen Verzögerung ein, dabei »verpuffte« dann auch, grob gesagt, die Hälfte der Wirkung in der Leber, die als Entgiftungsorgan alles Blut aus dem Magen-Darm-Trakt filtert. In den Neunzigerjahren ging die Drogenszene allgemein dazu über, sich den Stoff durch die Nase zu ziehen – damit er schneller am Ort der gewünschten Wirkung ankam, dem Gehirn. Denn das geht grundsätzlich über die Nasenschleimhaut besonders zügig. Auch kann Meth im Gegensatz zum klassischen Speed geraucht werden, was zu noch höheren Wirkstoffkonzentrationen führt.

Allerdings gilt es zuvor, eine Hürde zu überwinden: die sogenannte Blut-Hirn-Schranke. Dabei handelt es sich um eine Barriere, die den Blutkreislauf und das zentrale Nervensystem voneinander abgrenzt.

Sinn dieser biologischen Einrichtung ist es, das Gehirn vor Krankheitserregern oder auch Giften zu schützen, die eventuell im Blut zirkulieren. Eine Droge, die diese äußerst nützliche Grenze überwinden soll, muss eine ganz spezielle Eigenschaft aufweisen: Der Stoff kommt nur im Hirn an, wenn er fettlöslich ist.

Herkömmliches Amphetamin beziehungsweise Speed erfüllt diese Bedingung durchaus, allerdings längst nicht in so starkem Maß wie eben kristallines Methamphetamin. Hinzu kommt, dass Speed in weit geringeren Dosen konsumiert wird als Methamphetamin. Wird das meist nur zu zehn bis 25 Prozent reine D-Amphetamin (Speed) in Mengen von etwa 20 bis 50 Milligramm durch die Nase gezogen, schnupfen bereits Einsteiger beim Crystal, wie erwähnt, wesentlich höhere Dosen, was im Verlauf der Sucht dann noch deutlich steigt.

Das bedeutet: Durch die hohe Dosierung, die bessere Fettlöslichkeit und den überwiegend nasalen Konsum kommt Crystal stärker im Hirn an, der Kopf wird im Grunde sofort nach der Einnahme mit einem hohen Wirkstoffgehalt konfrontiert.

Was dann im Hirn geschieht, hat vor allem mit den sogenannten Botenstoffen zu tun. Die sind zwischen den Hirnzellen für die Übertragung von Signalen und Informationen zuständig. Was das wiederum heißt, lässt sich an einem einfachen Beispiel verdeutlichen: Wenn wir an einem Computer arbeiten, dann werden dort Informationen durch Tastendruck oder andere Befehle auf elektrischem Weg von Bauteil zu Bauteil weitergegeben. Was die Elektrik und Elektronik im Computer macht, das ermöglichen im Gehirn die Botenstoffe: Zwar geht es in den Ausläufern der Nervenzellen, den Axonen, auch um elektrische Spannung – beim Übergang von einer Zelle auf die nächste werden jedoch Eiweißstoffe zur Weitergabe der Signale benötigt. Diese werden Botenstoffe oder Neurotransmitter genannt.

Zu diesen Botenstoffen zählt etwa Noradrenalin, das eine Vielzahl von Wirkungen auf das Herz-Kreislauf-System oder den Magen-Darm-

Trakt sowie auf das ganze Nervensystem hat. Ein weiterer Botenstoff trägt den Namen Serotonin, er ist für die Regulation von Gefühlen mitverantwortlich und wird im Volksmund als Glückshormon bezeichnet. Und dann ist da noch das Dopamin, der Hauptbotenstoff im Belohnungssystem, das mitverantwortlich für die Antriebssteigerung und die Motivation des Menschen ist. Es entscheidet darüber, ob wir etwas gerne tun und uns auf etwas oder über etwas freuen.

Zwischen zwei Nervenzellen gibt es kleine Zwischenräume, in die Botenstoffe auf einen elektrischen Befehl hin ausgeschüttet werden. Die Botenstoffe docken an Rezeptoren an der nächsten Zelle an und lösen dort über den Einstrom von Salzen wieder einen elektrischen Impuls aus, der weitergeleitet wird. Die Botenstoffe beziehungsweise Neurotransmitter werden recycelt, indem sie über spezielle Pumpen in die Nervenzelle aufgenommen und dort gespeichert werden. Dann stehen sie für den nächsten Befehl wieder zur Verfügung.

Die Droge Crystal Meth sorgt dafür, dass plötzlich sehr viele dieser Botenstoffe ausgeschüttet werden und in dem Spalt zwischen den Zellen verbleiben, da nun die Aufnahmepumpen gehemmt sind. Herz und Kreislauf geraten so in einen Zustand, der im Grunde der Situation entspricht, wenn ein Mensch einem Löwen in freier Wildbahn gegenübersteht. Alle Sinne sind geschärft, das Herz pocht und schlägt schneller, der Kreislauf gerät in Wallung.

Die Ausschüttung von Botenstoffen wie Serotonin und Dopamin wiederum beschert ein Glücksgefühl, eine trügerische Klarheit der Gedanken und einen bislang kaum gekannten Willen, etwas zu tun und es mit Freude zu tun.

Gerade die Dopaminwirkung ist daher für die Suchtentwicklung relevant. Denn es beeinflusst das Belohnungssystem des Menschen, weil es die Welt und jede noch so unsinnige Tätigkeit plötzlich begehrenswert erscheinen lässt – wer das mithilfe der Droge erfahren hat, der möchte es immer wieder erleben.

Beim »Runterkommen«, also in der Postkonsumphase, sind die Speicher erschöpft, der Konsument fühlt sich ausgelaugt und antriebslos. Er kann sich kaum motivieren und sein Selbstwertgefühl ist herabgesetzt. Der Mangel an Serotonin führt zudem zu Gereiztheit und vermehrter Aggressivität. Nach vier bis acht Tagen sind die Vorräte dann grundsätzlich wieder erholt. Wie bei allen Suchtstoffen führt eine chronische Zufuhr jedoch zu Anpassungsprozessen. Die Andockstellen der Neurotransmitter, die Rezeptoren, werden reduziert, es wird mehr von der Droge benötigt, um wieder die gleiche Wirkung zu erzielen. Die Neubildung dieser Rezeptoren dauert einige Wochen.

Doch Crystal führt nicht nur zu einer schnelleren und stärkeren Ausschüttung der Botenstoffe: Es zerstört die »Kabel«, die Axone und Nervenendungen, weil es anders arbeitet als andere bekannte Drogen. Eine Substanz wie Kokain verhindert vorübergehend, dass Dopamin zurück in die Zelle gelangt. Es lässt damit den Botenstoff länger an seinem Schaltpunkt und dehnt so das angenehme Gefühl zeitlich aus. Methamphetamin geht über diese Funktion hinaus, indem es selbst in die Nervenzelle eindringt beziehungsweise von dieser aufgenommen wird. Die Nervenzelle versucht dann, das Methamphetamin abzubauen. Dabei entstehen Giftstoffe, die die Hüllen der Nervenzellen und die Mitochondrien genannten Kraftwerke der Zellen zerstören. Die Nervenzellausläufer sterben ab. Das Ergebnis ist, als würden Kabel an einem Computer durchtrennt. Insgesamt ist der Prozess natürlich weitaus komplexer, als es sich hier beschreiben lässt. Der Endeffekt jedoch besteht darin, dass Nervenzellen absterben, die Botenstoffe wie Dopamin und Serotonin herstellen sollen. Dem Gehirn wird somit die Möglichkeit genommen, mit eigenen Mitteln Gefühle wie Euphorie, Antrieb oder Willensstärke zu erzeugen. Das funktioniert nur noch durch die Zufuhr der Droge. Der langfristige Serotoninmangel wird für die erhöhte Aggressivität von Crystal-Abhängigen verantwortlich gemacht.

Genau das macht Crystal so tückisch, auch weil die Konsumenten den Stoff mit sehr klaren Zielen nehmen: Sie wollen leistungsfähig sein, sie wollen Spaß haben. Da ihr Hirn und damit sie selbst diese Fähigkeiten aber immer weiter verlieren, müssen sie einfach bei der Droge bleiben. Sonst können sie nicht mehr mit Begeisterung feiern, können nicht die gewünschte Leistung bei der Arbeit erbringen.

Für diese Menschen ist ein Alltag ohne Crystal wie ein düsterer Montagmorgen nach einem unterhaltsamen Wochenende. Sie fühlen sich müde und antriebslos. Doch während dieses Gefühl bei einem normalen Menschen im Laufe seines Arbeitstages wieder vergeht, hält es bei den Crystal-Süchtigen an – anfangs tagelang, dann wochen- und schließlich monatelang. Deswegen werden auch so viele wieder rückfällig.

Ein zusätzliches Problem besteht darin, dass die kaputten Nervenzellen des Gehirns sich zwar nach neuesten wissenschaftlichen Erkenntnissen mit der Zeit wieder regenerieren können. Diese Regeneration zieht sich jedoch über einen Zeitraum hin, der über ein Jahr umfassen kann. Wer von der Droge loskommen will, muss sich also mit einer langen Phase abfinden, in der er sich nicht wohlfühlt, antriebs- und lustlos ist – während er gleichzeitig immer wieder daran denkt, dass die Droge ihm zu besserer Stimmung verhelfen würde. Das wiederum würde zwar die Probleme dauerhaft noch verschlimmern, doch immer wieder muss gegen den schnellen Ausweg aus der Lustlosigkeit gekämpft werden.

Doch das Gehirn ist nicht die einzige Region des Körpers, in der das Crystal zu Problemen führen kann und gleichzeitig mit seinen spezifischen Eigenschaften die Menschen immer wieder an sich zieht. Manchmal wirkt ein Effekt der Droge auf den ersten Blick sogar recht banal, trotzdem handelt es sich um einen verbreiteten Grund für einen Rückfall.

Die Noradrenalinwirkung hat beispielsweise auch eine Unterdrückung des Hungergefühls zur Folge. Wer zuvor vielleicht gern mal genascht hat, verzichtet nun auf das Essen, weil er einfach nicht mehr daran denkt, dass er Hunger oder Appetit hat. Speziell bei jungen und nicht mehr ganz so jungen Frauen hat Crystal daher auch den Ruf einer Diäthilfe. Man nimmt also Methamphetamin, um ein paar Pfunde abzuspecken, gerät dann aber ungewollt in die Sucht. Kommt ein solcher Mensch später in eine Therapie und wird von der Droge entwöhnt, legt er oder sie natürlich wieder an Gewicht zu. Eigentlich ein vollkommen normaler Effekt, aber auch einer, den die Patienten als unangenehm empfinden. Denn sie wollten ja abnehmen und nun sammeln sich doch wieder die Pfunde auf den Hüften – also greifen sie eventuell wieder zur Droge, weil ihnen das schlanke Erscheinungsbild wichtiger ist als die zerstörerische Wirkung der Droge in ihrem Inneren.

Die Auswirkungen des Crystal betreffen im Endeffekt eigentlich jede Faser des menschlichen Körpers. Schon angesprochen wurde die Steigerung des Blutdruckes als Folge des Umstands, dass der Organismus so aufgeputscht ist wie bei einem Menschen, der sich in einer akuten Gefahrensituation befindet. Das bedeutet aber auch, dass ein Crystal-Abhängiger im Grunde immer so hochgepusht ist, als würde er einen Marathon laufen – was im Endeffekt zu Herzrhythmusstörungen oder gar dem Tod durch Herzinfarkt führen kann. Eine unangenehme, aber wohl nicht tödliche Nebenwirkung des hohen Blutdrucks sind außerdem immer wieder starke Kopfschmerzen.

Der in ständige Alarmbereitschaft versetzte Organismus reagiert aber auch noch auf ganz andere Weise: Dem Menschen läuft in einem solchen Zustand der Anspannung nicht das sprichwörtliche Wasser im Mund zusammen, vielmehr wird der Mund trocken und der Speichelfluss verringert sich. Hinzu kommen angespannte Muskeln – unter anderem und gerade auch im Wangenbereich. Das mag auf den ersten Blick nebensächlich erscheinen, führt jedoch langfristig zu deutlichen Nebenwirkungen. Der verringerte Speichelfluss beeinträchtigt den Schutz der Zähne vor Bakterien, die Anspannung der Wangenmuskulatur führt zu dem, was Crystal-User als Kau-Fasching bezeichnen – einem dauerhaften Mahlen der Zähne aufeinander. Eine wesentliche Ursache für den sogenannten Meth-Mund, also die rapide verfaulenden Zähne.

Das wiederum wird noch durch einen weiteren Umstand unterstützt. Viele Konsumenten berichten, dass sie durch Crystal auch das Zeitgefühl verlieren. Zeitgefühl allerdings ist nicht nur mitverantwortlich für Pünktlichkeit und Verlässlichkeit. Es sagt einem normalen Menschen auch, dass es mal wieder angesagt wäre, Zähne zu putzen. Auf Crystal aber wird das Gebiss nicht nur durch Speichelmangel und ständiges Knirschen oder Mahlen beansprucht, der Mensch vergisst schlicht und einfach die Zahnpflege.

Zahnpflege wiederum ist gleichzusetzen mit Körperpflege – die leidet ebenfalls bei einem durch Methamphetamin stimulierten Körper. Daran hängt wiederum eine ganze Kette möglicher Folgen. So neigen die Abhängigen durch die seltsamen Prozesse, die in ihren Hirnen ablaufen, zu stereotypen Handlungen – sie haben also viel Spaß daran, immer das Gleiche zu tun. Ein Phänomen, das auch »Punding« genannt wird.

Nun schauen gerade junge Menschen ohnehin häufig in den Spiegel, drücken mal den einen oder anderen Pickel aus. Meth-Konsumenten jedoch führen regelrechte Pickeljagden durch, einfach weil es ihnen Spaß macht. Das Ergebnis einer solchen Jagd dürfte sich jeder vorstellen können – Mara S. hat es außerdem bereits ausführlich beschrieben.

Langfristig wird daraus jedoch noch ein zusätzliches Problem, weil all das ohne Rücksicht auf die Sauberkeit der Hände und Finger getan wird. Folgen sind Entzündungen der Haut und Verschorfungen, die dann ebenfalls wieder voller Freude mit den dreckigen Händen bearbeitet werden. Was daraus entstehen kann, das zeigen die immer wieder verbreiteten Fotos langjähriger Crystal-Konsumenten, deren Gesichter durch offene Wunden und Entzündungen entstellt sind.

Doch auch das ist noch längst nicht alles, was Crystal mit dem menschlichen Organismus macht. Wird die Droge durch die Nase gezogen, hat auch das langfristig Folgen im ganz direkten Umfeld. Wie man es auch von Kokainkonsumenten kennt, schädigt der ständige Genuss von Methamphetamin die Nasenschleimhäute und kann im Endeffekt zu Löchern in der Nasenscheidewand führen. Zusätzlich kann die Schädigung der Nasenschleimhaut auch einen vollständigen Verlust des Riechsinns zur Folge haben.

Und dann ist da noch das, was die Droge auf Dauer über das Gehirn auslöst. Die vollkommen durcheinandergebrachte Funktion der Nervenzellen dort kann im Laufe einer Sucht unterschiedlichste Folgen nach sich ziehen. Die Zerstörung der körpereigenen Dopaminproduktion macht für den Süchtigen, wie schon erwähnt, einen ständigen Nachschub der Droge notwendig, um das »gute Gefühl« doch noch einmal erleben zu können. Allerdings funktioniert gerade Crystal eben so, dass der Körper immer mehr davon verlangt, um ein früher einmal gekanntes Stimmungslevel zu erreichen. Der Süchtige steigert die Dosis also stetig. Nur reicht das irgendwann nicht mehr aus, der gewünschte Effekt stellt sich auch nach dem Drogengenuss nicht mehr ein, und der Körper selbst kann ohnehin nicht mehr helfen. Der Süchtige kann dann so niedergeschlagen sein, dass er in eine tiefe Depression verfällt und Selbstmordgedanken hegt.

Mit der Depression leidet das Selbstwertgefühl der Menschen. Eben noch spritzten oder snieften sie sich mit dem Methamphetamin zu dem Gefühl, ein Übermensch zu sein, alles zu schaffen und ständig Spaß zu haben – nun erkennen sie in nichts mehr einen Sinn. Nicht im Leben und auch nicht in sich selbst. Diese Depression kann daher auch den Wunsch auslösen, das alles endgültig zu beenden. Folge sind dann Selbstmordgedanken, die in der Umsetzung des Vorhabens münden können.

Gravierend sind auch die vielfach auftretenden Gedächtnisstörungen bei den Konsumenten. Zahlreiche Süchtige berichten außerdem von ihrer Paranoia, davon, dass sie sich verfolgt fühlen. Die Ursachen dafür werden in der Kombination von Dopaminmangel und der daran anschließenden Überdosierung der Droge gesehen. Außerdem führen die oft tagelangen Wachphasen schon fast selbstverständlich dazu, dass das überlastete Gehirn auf diese Weise seine Warnungen ausspricht.

Nach dem Ausflug in die Psyche noch einmal zurück zu den physischen Problemen – denn die Kette der Crystal-Folgen ist so lang, dass es im Grunde kaum einen Bereich des Körpers gibt, der nicht davon betroffen ist. Dass Methamphetamin etwa das Hungergefühl eindämmt, führt nicht nur zu Gewichtsverlust. Magen und Darm werden davon natürlich ebenfalls beeinflusst. Nimmt der Mensch keine Nahrung zu sich, ist der Darm im Grunde ruhiggestellt, kann seiner Arbeit nicht mehr nachgehen – auf Dauer resultieren daraus Verdauungsprobleme.

Zudem kann Stress einen Stressulkus hervorrufen, das sogenannte Magengeschwür. Im Volksmund redet man davon, dass einem etwas »auf den Magen geschlagen« ist. Im Zusammenhang mit Crystal bedeutet das: Die Magensäure wird unter der adrenalinartigen Wirkung der Droge weiter produziert, doch der Speichel und puffernde Säfte fehlen. Die Schleimhäute werden nicht ausreichend durchblutet – am Ende kann es so zu einem Magendurchbruch kommen.

Wer aktiven oder ehemaligen Abhängigen begegnet und sie nach ihrem Alter fragt, der erlebt nicht selten eine starke Überraschung. Das Alter scheint so gar nicht dem Erscheinungsbild zu entsprechen – die Person wirkt um viele Jahre älter, als sie wirklich ist. Auf Anhieb mag einem da als Ursache einfallen, dass viele dieser Patienten lange Zeit in Situationen gelebt haben, die ihrer Gesundheit nicht gerade zuträglich waren, dass sie Raubbau mit ihrem Köper betrieben haben und so weiter und so fort. Doch das haben Konsumenten anderer Drogen auch hinter sich, und bei ihnen sind kaum derart deutliche und dauerhafte Alterungsspuren sichtbar.

Tatsächlich sind diese Wirkungen auf das Bindegewebe nicht genau geklärt. Es treten bei den Konsumenten auch vermehrt sogenannte Aussackungen von Blutgefäßen auf, die dann zu tödlichen Blutungen führen können. Gerade diese vielen und teils tödlichen Nebenwirkungen sind es, die Crystal zur wohl gefährlichsten Droge der Welt machen.

Mara S.: Tourismus auf Crystal-Art

Als es mir immer schlechter ging und Crystal mir immer weniger gab, brauchte ich ständig mehr von der Droge. Ich konnte mir nicht vorstellen, damit aufzuhören, wollte stattdessen mit noch mehr Stoff zumindest eine Spur des Hochgefühls empfinden, das Crystal mir in den ersten Jahren gegeben hatte.

Mehr Crystal bedeutete natürlich auch mehr Geld. Bald war klar, dass es einfach nicht mehr reichte, gestreckten Stoff weiterzuverkaufen oder in Geschäften mal etwas mitgehen zu lassen, das ich verticken konnte.

Mein Konsum stieg kontinuierlich an. Ganz am Anfang, als ich noch zur Schule gegangen war, da hatten mir 100 Milligramm Crystal für eine großartige Zeit gereicht. Das ließ sich mit meinem Taschengeld finanzieren, mehr als zehn Euro musste ich dafür nicht ausgeben. Aber es ist bei Crystal eben wie bei jeder anderen Sucht – der Körper gewöhnt sich an eine gewisse Dosis, braucht dann eine immer größere Zufuhr des Suchtstoffs.

Bei mir war es irgendwann so weit, dass ich täglich zwei Gramm oder auch mal mehr benötigte, um einigermaßen über die Runden zu kommen. Jeder kann sich an zehn Fingern ausrechnen, dass das eine ganze Stange Geld bedeutete, das ich irgendwie auftreiben musste. Taschengeld bekam ich schon lange nicht mehr, und ich konnte auch nicht alle paar Tage zu meinen Eltern laufen und dort die Reserve in der Kaffeedose ausräumen. Das Geld vom Amt reichte nie für den ganzen Monat, bestenfalls für ein paar Tage – obwohl ich keine Miete zahlen musste und wegen der Droge auch kaum etwas gegessen habe. Hunger hat man auf Crystal ja sehr selten.

Also musste ich mir etwas einfallen lassen. Ich habe mich nie für einen kriminellen Menschen gehalten. Dass ich anderen gestreckten Stoff verkauft habe, das war nicht nett, aber von meiner Warte aus gesehen, nicht wirklich kriminell. Auch wenn ich mal im Laden etwas mitgehen ließ, empfand ich mich nicht als echte Diebin. Das war einfach notwendig und gab mir nebenbei auch noch einen kleinen Kick wegen der Angst vor dem Erwischtwerden.

Als ich darüber nachdachte, wie ich meinen Konsum finanzieren konnte, ging es daher zunächst auch um mehr oder weniger legale Lösungen meines Problems. Klar war die Droge an sich schon illegal, aber das war in meinem Kopf nie präsent.

Meine erste Idee für ein Beschaffungsprogramm lautete: Wenn Crystal in der Stadt so teuer ist, sollte ich wohl besser nach anderen und günstigeren Quellen suchen. Wo ich die finden konnte, das war mir klar. Crystal wurde zwar auch in kleinen Küchen in Deutschland gekocht, das meiste Zeug kam aber aus Tschechien. Und dieses Land ist von vielen Orten in Sachsen aus mit dem Auto in weniger als einer Stunde zu erreichen. Kurz nach der Grenze gibt es dort unzählige Vietnamesenmärkte, auf denen billige T-Shirts, Zigaretten und DVDs verkauft werden - und auch Crystal. Das wird zwar nicht offen, aber unter der Hand doch fast selbstverständlich gehandelt. Die Deals auf den Märkten laufen immer ähnlich ab. Das wusste ich, weil darüber in meinem Umfeld unzählige Geschichten kursierten: Man schaut sich an einem Stand ein T-Shirt oder eine andere Ware an, fragt leise nach Crystal und wird dann in ein Zelt oder einen Verschlag geführt, wo der Handel dann unter vier Augen abgeschlossen wird.

Ich wusste nicht, ob dort wirklich Vietnamesen verkauften, aber der Name hat sich bei uns für diese Märkte im Laufe der Zeit eingebürgert. War mir eigentlich auch völlig egal, viel wichtiger war etwas anderes: Auf der anderen Seite der Grenze war Crystal deutlich billiger, die Preise betrugen kaum die Hälfte. Ich konnte meine Ausgaben damit deutlich reduzieren.

Der Plan war also geboren, die Umsetzung gestaltete sich allerdings nicht so leicht, wie ich es mir vorgestellt hatte. Um nach

Tschechien zu kommen, brauchte ich ein Auto beziehungsweise eine Mitfahrgelegenheit – ich selbst habe ja nie einen Führerschein gemacht. Das größte Problem bestand darin, dass es bei Druffies nicht selbstverständlich ist, dass sie ein Auto haben. Mancher hatte mal eines, hat es aber verkauft, um von dem Geld Crystal zu kaufen. Andere sind völlig zugedröhnt in eine Polizeikontrolle gefahren und haben ihren Führerschein verloren. Je länger jemand süchtig ist, desto geringer ist außerdem die Wahrscheinlichkeit, dass er überhaupt noch ein Auto bewegen kann – die meisten sind nach einer Weile einfach nicht mehr fähig dazu. Die vielen gleichzeitigen Tätigkeiten wie lenken, schalten und Gas geben überfordern sie, die Konzentration lässt zu schnell nach.

Irgendwann habe ich dann aber doch noch die richtigen Leute gefunden. Zusammen sind wir mit dem Auto losgefahren und auch problemlos über die Grenze gekommen. Einige Kilometer später fanden wir den ersten Ort mit einem Vietnamesenmarkt. Alles lief wie geplant. Wir haben billig Crystal eingekauft und waren ein paar Stunden später wieder zu Hause, alles kein Problem. Das war so einfach, dass ich mich fragte, warum ich das vorher noch nicht gemacht hatte. Die anderen sahen das auch so, also ging es in der Zeit danach regelmäßig so weiter. Wir verabredeten uns, trafen uns und fuhren nach Tschechien zum Crystal-Shopping.

Wir waren sicher nicht die Ersten, die das machten. Aber mit der Zeit nahmen solche Touren zu, immer mehr Junkies fuhren nach Tschechien, weil sie sich billig Crystal besorgen wollten. Das war ein richtiger Drogentourismus. Wenn wir unterwegs waren, haben wir dann auch immer eine Art Spiel gespielt: Überholten uns andere Autos, haben wir uns die Insassen angeschaut und dann beratschlagt, ob die das Gleiche vorhatten wie wir. Manchmal war es auf den ersten Blick klar. Ein alter Kleinwagen, vier junge Typen drin – die wollten auf jeden Fall Crystal kaufen. Andere stellten sich schlauer an, um unauffällig zu bleiben. Die liehen sich irgendwo ein teures Auto, heuerten vielleicht auch noch einen seriös aussehenden Fahrer an.

Schließlich wussten ja nicht nur wir, dass es diese Drogenrouten gab. Die deutsche Polizei bekam das irgendwann natürlich auch mit. Anfangs lief alles noch problemlos, doch nach einer Weile bemerkten wir, dass immer ein paar Polizeiautos auf den Strecken unterwegs waren. Es hieß auch, dass gezielte Kontrollen unternommen wurden, bei denen das Auto auseinandergenommen wurde, um versteckte Drogen aufzuspüren.

Eines Tages wurden natürlich auch wir angehalten. Da wir aber schon von den Kontrollen gehört hatten, hatten wir das Crystal gut versteckt – wenn ich mich richtig erinnere, war es im Dachhimmel des Wagens untergebracht. Die Polizei fand daher nichts und ließ uns fahren.

Aber wir waren eben Junkies, Druffies. Als es immer wieder klappte und wir von niemandem kontrolliert wurden, da wurden wir nachlässig, hatten keine Lust mehr, das Crystal zu verstecken. Wir wollten nur schnell nach Tschechien, einkaufen und dann noch schneller wieder zurück, um es zu konsumieren.

Es kam also, wie es kommen musste. Irgendwann im Winter hielt uns die Polizei wieder an und entdeckte unsere Beute. Es war zwar nicht viel, weil wir gerade wieder kaum Geld hatten, aber seit diesem Tag waren wir bei der Polizei bekannt. Die wussten nun, wer ich war und wer meine Freunde waren. Danach war ich natürlich vorbelastet. Ich stand im Register, es war daher einfach zu gefährlich, weitere Fahrten zu unternehmen.

Also musste ich mir etwas anderes überlegen, um an die täglich nötige Menge Crystal zu kommen. Erst einmal habe ich mir andere gesucht, die für mich fuhren. Was nicht immer ganz einfach war. Wie gesagt, sind Druffies oft gar nicht mehr in der Lage, Auto zu fahren. Andere waren zu feige und wollten das Risiko nicht auf sich nehmen.

Außerdem kennt auch jeder halbwegs intelligente Junkie das Gesetz des Marktes: Wenn etwas dringend benötigt wird, dann wird es schnell teurer.

Jeder Junkie brauchte für sich selbst Geld für die Droge. Die wenigen, die ein Auto und den Mut zur Fahrt nach Tschechien hatten, kannten bald ihren Wert und verlangten immer höhere Summen für ihre Dienste. Galt anfangs noch die Regel, dass Crystal in Tschechien nicht einmal ein Viertel kostete, fraßen die Kurierkosten bald immer mehr von dem Preisvorteil auf.

Dazu kam noch ein anderes Problem: Ich wusste, dass ich im Grunde niemandem vertrauen konnte, man kann in solchen Angelegenheiten einfach nie jemandem vertrauen. Wie sollte ich sicher sein, dass ich auch tatsächlich das bekam, was ich wollte? Der Kurier konnte mir ja sonst was erzählen. Auf den Märkten würden gerade höhere Preise verlangt, deswegen hatte er nur die Hälfte für das Geld bekommen und so weiter und so fort. Ich konnte das ja nicht nachprüfen, auch wenn ich überzeugt war, dass der Fahrer einfach ein paar Gramm für sich abgezweigt hatte. Doch selbst das war noch eine der besseren Varianten – denn nicht jeder Kurier kam überhaupt zurück. Manche wurden geschnappt, andere hauten einfach mit dem Geld ab.

So was machst du einmal mit, vielleicht noch ein zweites Mal – öfter kann man sich das nicht leisten. Ich jedenfalls nicht. So ein Reinfall bedeutete jedes Mal, dass ich kein Geld mehr hatte und natürlich auch kein Crystal. Ohne Crystal wusste ich aber nicht, wie ich den Tag überstehen sollte.

DER TANZENDE PRÄSIDENT UND DIE GEFALLENEN CRYSTAL-STARS

Es muss eine bizarre Szene gewesen sein. An einem Tag im Jahr 1962, heißt es, zog sich in einer Suite des New Yorker »Carlyle Hotel« ein Mann langsam aus und begann ohne ersichtlichen Anlass wild zu tanzen. Seine Leibwächter zeigten sich durchaus überrascht, aber weil sie mit ihrem Chef schon einiges erlebt hatten, amüsierte die Vorführung sie zunächst. Das änderte sich schlagartig, als der Mann die Tür des Appartements öffnete und hinaus in den Korridor tänzelte. Denn sein Verhalten hätte ihn in der ganzen Welt zu einer Lachnummer degradiert, wenn jemand Fremdes es beobachtet hätte. Schließlich war der Mann nicht irgendwer: Es war John F. Kennedy, Präsident der Vereinigten Staaten von Amerika, der da aufgeputscht von einer Überdosis Methamphetamin die Kontrolle über sein Handeln verloren hatte. Veröffentlicht wurde diese offiziell unbestätigte Momentaufnahme im Jahr 2013 von den Autoren Richard A. Lertzman und William J. Birnes in einem Buch mit dem Titel *Dr. Feelgood*.

»Dr. Feelgood«, das war der Spitzname von Max Jacobson, einem 1900 in Deutschland geborenen Arzt, der Anfang der Dreißigerjahre mit der Entwicklung einer geheimnisvollen Wirkmittelmischung begann, die nicht nur Krankheiten kurieren, sondern die Menschen auch leistungsfähiger machen sollte. Er selbst soll Jahrzehnte später berichtet haben, dass sogar die Nazis an seinen Ergebnissen Interesse gezeigt hätten, um die Soldaten im bevorstehenden Krieg damit zu versorgen – was natürlich ein neues Licht auf die Entwicklung der Nazidroge Pervitin werfen würde, gäbe es denn außer Jacobsons Aussage weitere Belege dafür.

Lange dauerte die eventuelle Zusammenarbeit mit der braunen Truppe ohnehin nicht an, wenn es sie denn überhaupt gab. Denn Max

Jacobson war Jude und schwebte damit schon wegen seines Glaubens im »Dritten Reich« in ständiger Lebensgefahr. Also floh er 1936 aus seiner Heimat über Paris nach New York, wo er schnell Karriere machte. Berühmt – und später berüchtigt – wurde Jacobson vor allem durch seine geheimnisvollen Spritzen, an denen er so lange geforscht hatte und deren Inhalt seinen Patienten ein außergewöhnliches Wohlgefühl bescherte und nebenbei auch Depressionen oder Schmerzen vergessen ließ.

John F. Kennedy soll Jacobson erstmals im Jahr 1960 aufgesucht haben, als der spätere Präsident noch im Wahlkampf steckte. Der Öffentlichkeit spielte Kennedy bis zu seinem unerwarteten frühen Tod den jungen und vitalen Staatsmann vor. Doch ihn plagten seit Jahren so starke Rückenschmerzen, dass er sich abseits der Öffentlichkeit und wenn er sich unbeobachtet fühlte, zeitweise nur noch gestützt auf Krücken bewegte. Genau deswegen suchte er einen Mann wie Jacobson, einen Arzt, der ihn mit seinen geheimnisvollen Injektionen fit hielt. Der Deutsche wurde so zu einer Art inoffiziellem Hausarzt.

Später erst tauchten Gerüchte darüber auf, was dieser Dr. Feelgood seinen Patienten tatsächlich spritzte. Man sprach von einer Mischung aus Steroiden, Tierhormonen, schmerzstillenden Mitteln, Vitaminen und nicht zuletzt Amphetaminen. Tatsächlich enthielt die Mixtur nach den Recherchen der Autoren Lertzman und Birnes nicht Amphetamine, sondern vielmehr Methamphetamin – der Präsident war demnach also ein früher Meth-Head.

Mehr noch: Zu jener Zeit könnten einige wichtige Entscheidungen der Weltpolitik unter dem Einfluss von Crystal Meth geschehen sein. Kennedy soll nämlich nicht nur auf seine Wahlkampfreden im Jahr 1960 von Jacobson mit Spritzen vorbereitet worden sein, sondern auch auf die traditionelle Fernsehdiskussion der Spitzenkandidaten, bei der er seinen Konkurrenten Richard Nixon in Grund und Boden redete. Das Gleiche gilt für die Phase der Kubakrise, als die Welt am Rand eines atomaren Schlagabtausches zwischen den Vereinigten Staaten und der Sowjetunion stand. Zu dieser Zeit hatte der Präsident sich Jacobsons ständige Verfügbarkeit schon fest gesichert. Wann immer der Arzt einen Anruf von einer gewissen Mrs Dunn bekam, wusste er, dass man ihn brauchte – Mrs Dunn gab es in Wirklichkeit gar nicht, es handelte sich einfach um ein Codewort dafür, dass der Präsident nach ihm rief.

Als es im Juni des Jahres 1961 zu einem Gipfeltreffen zwischen Kennedy und dem sowjetischen Regierungschef Nikita Chruschtschow in Wien kam, wollte der Präsident seinen Dr. Feelgood ebenfalls dabeihaben. Kennedy fühlte sich angeblich vor dem Treffen unsicher und erhoffte sich durch die Spritzen die nötige Selbstsicherheit. Direkt vor dem geplanten Termin ließ er sich eine Dosis geben, doch Chruschtschow verspätete sich und kam erst an, als die Wirkung der Drogen nachließ – woraufhin der Präsident sich schnell noch die nächste Methamphetamin-Spritze verpassen ließ.

Kennedy war sicher der wichtigste Patient des Arztes Jacobson, aber keinesfalls der Einzige, der seine Dienste schätzte und nutzte. Die Patientenliste las sich vielmehr wie ein »Who is who« Amerikas. Einige der berühmtesten Personen jener Zeit gaben sich bei Dr. Feelgood die Klinke in die Hand, Sportler ebenso wie Hollywoodstars und Musikgrößen. Das Buch berichtet unter anderem, dass Marilyn Monroe von Jacobson fit gespritzt wurde, bevor sie für John F. Kennedy auf der Bühne das legendäre »Happy Birthday, Mr. President«-Ständchen hauchte. Ihre letzte Wohlfühl-Spritze soll die Schauspielerin dann kurz vor ihrem rätselhaften Tod bekommen haben

Liest man Jacobsons von Lertzman und Birnes aufgelistete Kundenkartei und dazu weitere Recherchen zum Thema, dann kann man sich des Eindrucks kaum erwehren, dass in den Fünfziger- und Sechzigerjahren nahezu alle amerikanischen Musikstars unter dem Einfluss von Dr. Feelgoods Medikamentencocktail auf die Bühnen der Welt traten. Harry Belafonte, Frank Sinatra und auch Elvis Presley sollen zu seinen Stammkunden gezählt haben – Letzterer habe sich vor seinen Auftritten in Las Vegas auf Jacobsons Dienste verlassen.

Zu den weiteren Klienten zählten Hollywoodikone Elizabeth Taylor und auch der Schriftsteller Truman Capote, der selbst einmal die Wirkung der Feelgood-Mischung aus seiner Sicht beschrieb. Er sagte, er würde eine sofortige Euphorie spüren, sich wie Superman fühlen – man fliege, Ideen kämen in Lichtgeschwindigkeit. Lasse die Wirkung nach, dann falle man jedoch in ein tiefes Loch. Eine Beschreibung, wie sie heute aus dem Mund fast jedes Crystal-Süchtigen zu hören ist.

Nach Kennedys Tod durch die Schüsse in Dallas am 22. November 1963 praktizierte Jacobson noch bis 1972 weiter. Seine Karriere endete, als die Zeitung *New York Times* einen Artikel über ihn und die wahren Inhalte seiner Wohlfühlspritzen veröffentlichte. Der Arzt verlor daraufhin seine Lizenz und sah sich zudem Vorwürfen ausgesetzt, er sei mit schuld am Tod seiner eigenen Frau, die zum Zeitpunkt ihres Ablebens außergewöhnlich dünn gewesen sein soll. Dünn wie eine Methamphetamin-Abhängige. Ohnehin soll Dr. Feelgood seine Spritzen nicht nur anderen verabreicht haben, er war wohl so von seiner Mischung überzeugt, dass er sie selbst exzessiv nutzte. Max Jacobson starb schließlich im Jahr 1979.

Ein Präsident, der unter der Wirkung von Methamphetamin Weltpolitik machte – das ist sicher ein erschreckender Gedanke. Ob noch andere Politiker sich ähnlich aufputschen ließen, das ist bis heute unbekannt. Sicher ist dagegen, dass die Substanz auch nach der Zeit des Dr. Feelgood in der Liga der Prominenten ein Thema blieb. Zwar gilt Crystal immer noch als Kokain für Arme, als die Droge der kleinen Leute. Tatsächlich aber sind die Kristalle und damit die Sucht längst in der Liga der Stars angekommen. Wann immer es um die Drogenabhängigkeit

Prominenter geht, dann ist vor allem in den USA, aber auch in Großbritannien und anderen Nationen häufig Crystal mit im Spiel.

Zu den tragischsten Prominentenschicksalen, die eng mit Berichten über die Sucht nach Koks, Crack und Methamphetamin verbunden sind, zählt sicher das Leben von Amy Winehouse. Die Sängerin geriet immer wieder durch ihren Drogenkonsum in die Schlagzeilen – machte das sogar in ihren Liedern zum Thema. Nicht zuletzt trug einer ihrer größten Hits den Titel *Rehab*, also Rehabilitation beziehungsweise Drogenentzug. In dem Refrain des Songs heißt es unter anderem: »They tried to make me go to rehab, I said ›No, no, no‹.«

Nachdem ihre Karriere zunächst glänzend verlief, kam Winehouse bald jedoch vor allem durch ihre Drogen- und Alkoholexzesse in die Nachrichten. Bekannt wurde, dass sie mit zwei Überdosen ins Krankenhaus eingeliefert wurde, nachdem sie sich wohl mit einer Kombination aus Kokain, Heroin und eben Crystal Meth fast ums Leben gebracht hatte. Später hieß es, sie habe als Folge möglicherweise sogar Hirnschäden davongetragen, weil sie Symptome einer Schizophrenie entwickelt habe. Auch die ausgefallenen Zähne deuteten in Richtung Meth-Konsum. Als es dann einige Jahre später so aussah, als hätte sie doch noch den Absprung geschafft, wurde plötzlich der Tod der Sängerin gemeldet. Amy Winehouse starb am 23. Juli 2011 – sie hatte versucht, der Drogensucht durch immer mehr Alkohol zu entkommen, im Blut ihres leblosen Körpers wurden 4,16 Promille festgestellt.

Ähnlich tragisch, aber immerhin noch nicht so endgültig ist die Geschichte der US-Schauspielerin Lindsay Lohan. Sie wurde nach der Jahrtausendwende vor allem durch ihre Rollen in Disney-Komödien bekannt. Später übernahm sie auch Hauptrollen in ernsthafteren Filmen. Weltweite Berühmtheit erlangte sie jedoch weniger durch ihre schauspielerische Laufbahn als vielmehr durch ihren Lebenswandel, der sie immer wieder in Konflikt mit dem Gesetz brachte. Lohan wurde mehrfach verurteilt und kam auch in Haft.

Erstmals wurde 2006 bekannt, dass die Schauspielerin Probleme mit Drogen und Alkohol hatte. Danach kreiste die Berichterstattung fast ausschließlich um Lohans Probleme. Mal verstieß sie gegen Bewährungsauflagen, mal verursachte sie einen Unfall und immer wieder stand das mit dem Drogenkonsum in Zusammenhang.

Bald hieß es, Lindsay Lohan sei manisch-depressiv und außerdem sei sie von Crystal Meth abhängig. Unterstützt wurden diese Gerüchte von dem Bild, das Lohan abgab, wenn sie zu öffentlichen Auftritten erschien. 2011 erschreckte sie Beobachter durch ihr aufgedunsenes Gesicht und die schlechten Zähne, die vor allem als Beleg für ihren Meth-Konsum angesehen wurden. Was es dagegen bis heute nicht gibt, sind Anzeichen, dass die 27-Jährige ihre Drogenprobleme in den Griff bekommen würde.

Im Sommer 2012 geriet ein anderer Popstar durch seine Crystal-Sucht in die Schlagzeilen. Stacy Ann Ferguson, besser bekannt als Fergie, Sängerin der Hip-Hop-Band The Black Eyed Peas. Die damals 37-Jährige outete sich in der Sendung der amerikanischen Talkshow-Moderatorin Oprah Winfrey und sprach erstmals über ihre Crystal-Sucht. Sie erklärte vor einem Millionenpublikum, dass sie ein Jahr lang von dem Methamphetamin abhängig gewesen war, und gab offen zu, dass jedermann die Folgen an ihrem, wie sie selbst sagte, »völlig entstellten Gesicht« ablesen könne.

Laut ihren Aussagen hatte sie schon seit früher Jugend immer wieder Kontakt mit Drogen, doch erst später und infolge des Crystal-Meth-Konsums sei sie wirklich abhängig geworden. Die Sängerin erzählte auch, welche Folgen der Konsum für sie neben den sichtbaren äußerlichen Veränderungen gehabt hatte. Die Droge habe bei ihr vor allem starke Auswirkungen auf die Psyche gehabt. Sie habe begonnen, paranoid zu werden, und eines Tages beim Besuch einer Kirche gedacht, dass sie vom FBI und einer Spezialeinheit der Polizei verfolgt würde.

Ob sich die Sängerin die Geschichte ihrer Rettung vor der Droge ausgedacht hat oder ob es wirklich so geschehen ist, das weiß nur sie selbst. Auf jeden Fall hatte sie aber eine Erklärung parat, die gerade in einem gläubigen und gottesfürchtigen Land wie Amerika die Zuschauer durchaus berührte: Als sie sich in der Kirche aufgehalten habe, habe sie einen Deal mit Gott ausgehandelt. Sollte sie die Kirche verlassen und draußen nicht auf FBI und Polizei treffen, dann wolle sie von dem Crystal Meth loskommen. Natürlich wartete vor der Kirche niemand und Fergie setzte ihr Vorhaben um. Auch wenn sie davon nicht sprach, wird das wohl nicht ohne professionelle Hilfe geschehen sein.

Amy Winehouse, Lindsay Lohan und Fergie waren zu der Zeit ihres Suchtproblems noch vergleichsweise jung, doch wenn es um Prominenz und Drogen geht, dann zeigt sich, dass Menschen nahezu jeden Alters dem trügerischen Reiz des Crystal erliegen. Der 1955 geborene Eddie Van Halen gab nicht nur einer der erfolgreichsten Rockbands seinen (Nach)Namen und stieg zu einem der anerkannt besten Gitarristen seiner Generation auf. Er schlug sich zeitlebens auch mit Suchtproblemen herum. Nachdem er sich zunächst auf die Kombination aus Alkohol und Kettenrauchen beschränkt hatte, verlagerte sich der Konsum im Laufe der Jahre auch hin zu harten Drogen. Welche das waren, konnte ihm bald jedermann ansehen: In den ersten Jahren des neuen Jahrtausends traf man auf einen zusehends verfallenden Eddie van Halen, in dessen Mund große Lücken zwischen den verbliebenen schwarzen Zahnruinen klafften. Im Jahr 2007 schließlich schaffte es der mittlerweile 52-Jährige dann doch noch bis in eine Klinik und unterzog sich einer Drogentherapie, bei der es neben seiner weiter bestehenden Alkoholsucht vor allem um seine Abhängigkeit von Crystal Meth ging.

Etwas anders liegt der Fall wohl bei der Geschichte des Schauspielers Ryan O'Neil, der unter anderem durch den Film *Love Story* berühmt wurde und später mit der ebenfalls weltbekannten Farah Fawcett liiert war. O'Neil wurde im Jahr 2008 in seiner Villa in Malibu gemeinsam mit seinem Sohn festgenommen: Der junge Redmond O'Neil war zuvor schon mit Drogen auffällig geworden, nun entdeckte die Polizei in seinem Zimmer Crystal Meth. Im Schlafzimmer des 67-jährigen Vaters fand man ebenfalls eine kleine Menge. Zu dieser Zeit war O'Neils Lebensgefährtin Farah Fawcett bereits an Krebs erkrankt, sie erlag ihrem Leiden schließlich im Jahr 2009. Ob es einen Zusammenhang zwischen dem damals immer schlechter werdenden gesundheitlichen Zustand von Fawcett und dem mutmaßlichen Drogenproblem der männlichen O'Neils gab, das wurde nie öffentlich.

Auf jeden Fall landeten sowohl Redmond als auch Ryan O'Neil wegen der Crystal-Funde vor Gericht. Am Ende wurde der Vater zu einer achtzehnmonatigen Drogenrehabilitation verurteilt. Redmond O'Neil allerdings kam in Haft und saß hinter Gittern, als seine Mutter starb. Abstinent wurde er dadurch jedoch nicht, vielmehr wurde er später beim Ausgang aus der Reha-Klinik erneut mit Drogen erwischt und musste wieder hinter Gitter.

In Hinblick auf ihren aktuellen Prominentenstatus sind die O'Neils sicher nur kleine Lichter, aber sie sind eben ein Beispiel dafür, wie sich Crystal ohne jede Grenzen bei Alter oder sozialem Status ausbreitet und wie sehr die Sucht die Menschen im Griff hat.

Die erstaunlichste Hollywoodgeschichte mit Crystal-Meth-Thematik ist aber sicher die des Robert Downey Jr. Der galt einst als eines der größten Talente der Traumfabrik, sorgte durch seinen Drogenkonsum aber gleich mehrfach dafür, dass die Karriere nicht nach oben, sondern steil nach unten ging. Gut 15 Jahre dauerte diese Phase, bevor der gefallene Star wirklich den Beistand bekam, den er brauchte, um von den Drogen loszukommen – danach stieg er zum bestbezahlten Schauspieler in Hollywood auf.

Die Geschichte des Robert Downey Jr. ist im Grunde so verrückt, dass sie eigentlich nur in Hollywood spielen kann. Geboren als Sohn eines Regisseurs, der selbst gerne mal mit Drogen experimentierte, rauchte er seinen ersten Joint im Alter von zwölf Jahren gemeinsam mit dem Vater. Das allerdings ist nur eine Version der Anfangsgeschichte: Es gibt Hinweise, dass Downey seinen ersten Joint bereits im Alter von gerade einmal sechs Jahren konsumiert hat.

Ebenfalls schon in seiner Kindheit stand Downey unter Vaters Regie erstmals vor der Kamera. Doch als seine Karriere später Schwung aufnahm, war immer wieder er es, der sie wie ein Kartenhaus zusammenfallen ließ. In Hollywood galt er bald als Poster Boy für verschwendetes Talent.

Robert Downey Jr. nahm Kokain und vor allem auch Methamphetamin. Damit verbunden waren heute fast schon legendäre Eskapaden. Eine Nachbarin fand ihn schnarchend im Bett ihres Sohnes, ein anderes Mal entdeckte die Polizei ihn nackt und halluzinierend am Steuer seines Porsche. Immer wieder brachten ihn sein Lebensstil und die Drogen vor Gericht. 1999 landete der Star sogar für ein ganzes Jahr im Gefängnis.

Wegen seines Talents war er zwar immer noch ein leidlich gefragter Schauspieler. Da man ihn aber mittlerweile kannte, engagierte man ihn häufig nur noch unter besonderen Bedingungen. Mal wurde ein Teil seiner Gage bis zum letzten Drehtag einbehalten – man wollte nicht riskieren, dass er vorher im Drogenrausch verschwand. Mal musste er auch zusichern, dass er sich während der Arbeit an einem Film täglichen Drogentests unterzog.

Trotzdem fand Downey immer wieder Möglichkeiten, sich selbst erneut ein Bein zu stellen. Nach dem Ende seiner einjährigen Haft im Jahr 2000 übernahm er eine tragende Rolle in der damals äußerst erfolgreichen Fernsehserie *Ally McBeal*. Für seine Arbeit wurde er mit dem Fernsehpreis Golden Globe ausgezeichnet und die Zuschauer liebten ihn – die Macher des Films konnten seine immer neuen Drogenexzesse bald jedoch nicht mehr tolerieren und feuerten ihn trotz seines Erfolgs.

Vermutlich hätte Downey sich und seine Karriere immer weiter ruiniert. Doch 2003 lernte er die Produzentin Susan Levin kennen und verliebte sich. Kurz darauf begab sich Downey ein weiteres und bislang letztes Mal in eine Entzugsklinik und blieb seitdem clean. Was seiner Karriere einen kaum mehr für möglich gehaltenen Schub gab. Mit seinen Rollen in *Iron Man* oder *Sherlock Holmes* legte er ein furioses Comeback hin.

Mara S.: Warum Junkies alte Handys haben

Als die Sache mit den Crystal-Kurieren nach Tschechien beendet war, musste ich neue Überlegungen anstellen, um an Geld zu kommen, vor allem an schnelles Geld. Arbeiten konnte ich nicht, das war nach all den abgebrochenen Lehren und verlorenen Jobs klar. Da begann die Sache dann, langsam in eine andere Richtung abzugleiten. Auch wegen der Langeweile, die mit den Jahren immer zunahm. Wie schon gesagt, gab es Zeiten, in denen ich mich nicht vor die Tür traute. An manchen Tag aber musste ich einfach raus aus der Bude, ich brauchte bewegte Bilder um mich, etwas anderes als die immer gleichen vier Wände.

Also bin ich rausgegangen, vor allem abends oder spät in der Nacht. Ich bin dann oft ziellos durch die Stadt gelaufen. Da habe ich mal an einer Tür gerüttelt, mal an einer anderen. Wenn eine offen war, habe ich geschaut, ob es drinnen etwas zum Mitnehmen gab. Die Leute lassen ja immer etwas herumliegen. Werkzeug in einer Garage, Gartengeräte im Schuppen – alles Dinge, die sich verkaufen lassen. Oder ein Auto stand am Straßenrand geparkt, das Fenster noch halb geöffnet. Da habe ich mir dann geschnappt, was ich kriegen konnte. Ein Radio, ein Handy.

Apropos Handy: Wissen Sie, woran Sie einen Süchtigen erkennen können? An seinem billigen und uralten Handy. Selbst wenn ich in einem Auto ein nagelneues Handy gefunden hatte, wäre ich nie auf die Idee gekommen, es zu behalten. So etwas wurde verkauft, um Geld für den Stoff zu bekommen. Kein Süchtiger würde ein wertvolles Handy behalten, für das er gutes Geld bekommen konnte. Ein Junkie besitzt auch nur deshalb ein Handy, um Kontakt zum Dealer oder zu einem Hehler aufzunehmen.

Anfangs reichten mir solche kleinen Raubzüge. Ich wusste, wo ich mich unbeobachtet bewegen konnte und wo etwas zu holen war. Da habe ich mir besorgt, was ich verkaufen konnte, oder habe kleine Dinge direkt gegen Crystal getauscht. Immer wieder ein gutes Geschäft waren Fahrräder. Es gibt so viele Menschen, die ihr Rad vor einer Kneipe oder Bar abstellen, ohne es irgendwo anzuschließen. Ich habe mich einfach an irgendeine dunkle Ecke gestellt und abgewartet, bis wieder einer kam, der nicht daran dachte, dass sein Fahrrad geklaut werden könnte. Wenn ich mir sicher war, dass niemand mich oder das Fahrrad beobachtete, bin ich hingegangen, habe mich daraufgesetzt und bin weggefahren. Das Gute an Fahrrädern ist ja, dass man sie einfach zerlegen kann. Man kann sie sozusagen portionieren. Je nachdem, wie viel Geld ich brauchte, konnte ich die Schaltung, die Räder, den Sattel oder was sich sonst noch zu Geld machen ließ, verkaufen und hatte für den Notfall immer noch Teile in Reserve. Fahrräder wurden für mich bald zu meiner Haupteinnahmequelle.

Aber auch Fahrradklau war keine Lösung für die Ewigkeit. Der alte Kreislauf ging weiter, ich brauchte mehr Crystal und dafür natürlich auch immer mehr Geld. Wie schon gesagt, habe ich mich nie grundsätzlich für einen kriminellen Menschen gehalten und ich tue es auch heute nicht, obwohl ich weiß, was in der Zwischenzeit geschehen ist.

Aber solche Überlegungen wurden damals sowieso immer unwichtiger. In meinem Kopf waren ja längst keine normalen Gedanken mehr, mein Gehirn wurde von einem Chemielabor gesteuert. Alles, was ich dachte, drehte sich um Methamphetamin, um Crystal. Ich brauchte es, ich wollte es – und ich wusste, dass ich alles dafür tun würde.

Und das ging nicht nur mir so. Die Menschen, bei denen ich wohnte und mit denen ich zusammen war, waren in der gleichen Situation.

Wir lebten damals in unserer eigenen kleinen Welt, aber wir waren nicht völlig abgekoppelt von dem, was um uns herum geschah. Nur war unsere Wahrnehmung eine völlig andere. Die normalen Menschen in der Stadt unterhielten sich vielleicht über Mode, Facebook, ihre Kinder und Freunde. Bei uns war Crystal das einzige Thema. Zu diesem Thema gehörte auch, dass man immer wieder irgendwo etwas hörte. Einer hatte vielleicht erfahren, dass gerade ein Hehler für Fahrradschaltungen eines Typs besonders viel zahlte oder ein bestimmtes Handymodell besonders häufig verlangt wurde – danach suchten wir dann natürlich, beschafften und verkauften es.

Weil es aber ständig an Geld fehlte, hörten wir bald auch genauer hin, wenn es um andere Erzählungen ging. Jemand wusste vielleicht, dass in einer ganz bestimmten Siedlung die meisten Bewohner gerade im Urlaub waren und dass sich dort die Türen und Fenster leicht aufbrechen ließen. Der Nächste hatte die wichtigen Informationen, wie man eine Tür überwindet, ohne dabei viel Lärm zu machen. Ein anderer bot vielleicht zufällig gerade für kleines Geld die notwendigen Werkzeuge an.

Kurz und gut: Wir stiegen von kleinen Diebstählen auf andere Aktionen um. Mit wir meine ich natürlich vor allem auch mich. Ab jetzt ging es nicht mehr darum, an einer Tür zu rütteln oder auf ein achtlos abgestelltes Fahrrad zu warten. Wir zogen jetzt gezielt los, jedenfalls so gezielt, wie es einem Junkie überhaupt möglich ist.

Unser neues Mittel zur Geldbeschaffung, unsere Geschäftsidee, das waren von da an Einbrüche in Wohnungen und Häuser. Auch Einbrüche in Geschäfte haben wir durchgeführt, wenn wir wussten, dass sich die Sicherheitsmaßnahmen ohne große Schwierigkeiten überwinden ließen.

Das mag sich nach Bandenkriminalität im großen Stil anhören. Aber wie gesagt: Wir waren Junkies. Und Junkies denken nicht so wie ein trickreicher Krimineller. Wir fühlten uns nicht als Einbrecherbande, wir waren einfach Leute, die loszogen, um das Geld zu besorgen, das sie für ihren Lebensunterhalt benötigten, also für Crystal.

Das bedeutete aber auch, dass wir stets den einfachsten Weg wählten. Wir waren nicht immer so stabil, dass wir uns einen organisierten Einbruch vornehmen konnten. Oft haben wir daher eine weniger aufwendige Variante der Geldbeschaffung gewählt, von der wir ebenfalls in dieser Zeit erfahren hatten: Wir sind regelmäßig nachts losgezogen, um zu »kupfern«. Der Begriff hat nichts mit abkupfern oder irgendwelchen Wortspielen zu tun. Es ging dabei tatsächlich um das Material Kupfer. Wir machten uns in den Nächten auf die Suche nach Kupferrohren, nach Leitungen und Blechen, verkauften die Sachen dann an Metallhändler, die keine Fragen stellten und gar nicht wissen wollte, woher wir das Zeug hatten.

Außerdem ließ sich das Beschaffen des Kupfers auch gut mit Einbrüchen kombinieren. In der Stadt, in der wir unterwegs waren, gab es sehr wohlhabende Bezirke. Da standen Villen und teuer gebaute Einfamilienhäuser. Viele Eigentümer hatten sich kostspielige Kupferdachrinnen geleistet und es gab auch Kupferbleche an Hauswänden und Vordächern.

Wenn wir nachts loszogen, um zu kupfern, brauchten wir eigentlich nicht mehr als einen Schraubendreher für jeden von uns. All die Teile ließen sich ganz einfach abschrauben. Außerdem waren die meisten Teile sehr leicht und konnten auch von einer Frau wie mir gut getragen werden. Man musste nur darauf achten, dass man keinen Lärm verursachte, also beispielsweise ein Kupferrohr fallen ließ. Am liebsten waren uns die Dachrinnen, die ließen sich am schnellsten demontieren und mitnehmen. Im Grunde war es perfekt. Nach all der Unsicherheit hatten wir nun tatsächlich eine Möglichkeit gefunden, uns und unsere Sucht zu finanzieren. Da alles glatt lief, machten wir weiter und weiter. Bald hatten wir eine gewisse Routine und auch unsere Beutemengen wurden größer. So kamen wir irgendwann an den Punkt, an dem wir feststellten, dass es immer mühsamer wurde, die ganze Beute wegzuschleppen. Ein Auto wäre jetzt optimal gewesen, aber das Thema hatten wir ja schon - in unserer Gruppe gab es längst niemanden mehr, der eines hatte oder überhaupt eines hätte fahren können. Aber wir alle hatten vorher ja jahrelang Fahrräder geklaut, wussten daher, wie man die besorgt. Also zogen wir schließlich mit Fahrrädern samt Anhänger los oder, wenn wir keine Lust auf Radfahren hatten, mit Schubkarren.

Das war natürlich nicht ungefährlich: Jemand, der nachts mit einem Fahrrad und einem Anhänger bis obenhin voll mit Kupferrohren unterwegs ist, der fällt ja auf. Jedes Mal bestand da das Risiko, dass uns die Polizei anhielt oder uns erwischte, wenn wir gerade an einer Dachrinne schraubten.

Aber ich kann es nicht oft genug betonen: Wir waren eben Junkies. Wir sahen das alles von einer vollkommen anderen Warte aus. Natürlich war uns bewusst, dass wir uns nicht erwischen lassen durften. Das weiß selbst der bedröhnteste Schädel genau. Nur waren wir nicht irgendwelche Junkies, wir waren auf Crystal. Und Crystal gibt dem Menschen eben eine Weile das Gefühl, dass er besonders gut denken kann und um Langen schlauer ist als alle anderen. Also waren wir immer sehr vorsichtig und gleichzeitig sehr sicher, dass wir alles berücksichtigt hatten, damit uns niemand ertappen würde.

Außerdem war jede dieser Nächte für uns auch ein Ereignis. Besonders mir gaben die Aktionen immer einen Kick, der mich aus der Langeweile führte und die Stimmung hob. Die Aufregung und Spannung, wenn ich gerade etwas Kriminelles tat, führten zur Adrenalinproduktion, und das verstärkte die Drogenwirkung noch - nichts anderes wollte ich ja, Drogen, die wirkten.

Das Kupfern und die Einbrüche, das ging eine lange Zeit so. Wir hatten allmählich wirklich Übung darin und wussten genau, was wir taten. Die Stadt war groß genug, dass wir immer wieder in anderen Vierteln fündig wurden. Wir mussten also nicht immer an denselben Orten arbeiten und uns der Gefahr aussetzen, dass die Menschen dort auf uns aufmerksam wurden oder einen Zusammenhang zwischen einzelnen Fällen herstellten.

Auch den Abtransport mit den Fahrrädern und Schubkarren hatten wir gut organisiert. Wir kannten Schleichwege und fuhren nie auf den großen Straßen, auf denen uns die Polizei hätte begegnen können. Wenn wir genug Beute verkauft hatten, machten wir auch mal eine Pause. Alles in allem war es eine gute Zeit, kein einziges Mal wurden wir erwischt, die Polizei hat uns nie gekriegt.

Endlich war jetzt auch wieder genügend Geld da, um Crystal zu besorgen, wenn ich es brauchte. Was natürlich dazu führte, dass es mit mir körperlich und psychisch immer weiter bergab ging.

TEIL 3

CRASH

»WER SICH ZURÜCKLEHNT, WIRD VON DER CRYSTAL-WELLE ÜBERROLLT«

Am 8. Februar 2013 beging man in Dresden ein Jubiläum, von dem außerhalb der sächsischen Landesgrenze kaum jemand Notiz nahm: Genau 20 Jahre zuvor hatte hier 1993 die GER, die Gemeinsame Ermittlungsgruppe Rauschgift in Ostsachsen, mit ihrer Arbeit begonnen. Damals war man zu der Überzeugung gelangt, dass sich durch eine verbesserte und intensivere Zusammenarbeit von Polizei und Zoll die nach der Wende über das östliche Deutschland hereinbrechende Rauschgiftkriminalität gezielter bekämpfen ließe. Von Beginn an konzentrierte sich die aus jeweils acht Zoll- und Kriminalbeamten bestehende Gruppe auf Ermittlungen im Bereich der schweren und organisierten Rauschgiftkriminalität und verzeichnete in den Folgejahren zahlreiche Erfolge. Doch niemand konnte mit dem rechnen, was beinahe zwei Jahrzehnte später in Form von Crystal über das Bundesland hereinbrechen sollte.

Im Jahr 2010 führte die Entwicklung in Sachsen dazu, dass man noch eine zweite GER ins Leben rief. Diese GER Westsachsen bezog ihre Büros in Leipzig – denn zwischenzeitlich hatte sich herausgestellt, dass die Stadt sich immer mehr zu einem Dreh- und Angelpunkt des Rauschgifthandels entwickelte. Gleichzeitig wandelte sich die Drogenthematik in Sachsen grundlegend: Waren über viele Jahre Marihuana oder Heroin die brennenden Probleme, verdrängte nun Crystal andere Drogen in einem bis dahin nicht gekannten Ausmaß und Tempo.

Es gibt wohl kaum jemanden, der die Entwicklung in Sachsen und auch der gesamten Bundesrepublik so lange und so intensiv beobachtet hat wie Harald Schwab. Schwab kam 1993 aus Westdeutschland nach

Sachsen und zum Landeskriminalamt in Dresden und ist heute Dezernatsleiter der GER Ostsachsen. Er erinnert sich heute noch daran, wie kurz vor der Jahrtausendwende erstmals von einer neuen Droge gesprochen wurde. »Wir haben in den Jahren 1999 und 2000 die ersten Hinweise auf die Droge bekommen. Damals sprach man allerdings noch von Pervitin – und mit dem Begriff konnte ich, ehrlich gesagt, gar nichts anfangen.«

Trotzdem beschäftigte man sich natürlich mit dem Thema und mit der Rückkehr der aus den Dreißiger- und Fünfzigerjahren bekannten Droge nach Deutschland. »Es gab dann die ersten Probekäufe und den ersten Scheinkauf über ein Kilogramm. Wir haben 2000 auch mehrere Ermittlungsverfahren in diesem Bereich gehabt. Danach ist es dann aber wieder abgeflacht.«

Es sollten noch einige Jahre ins Land ziehen, bis das Pervitin-Revival zu dem Crystal-Problem heranwuchs, das heute alle anderen Drogen in Sachsen in den Hintergrund drängt. Ein Problem, das sich ständig wandelte und die Fahnder vor immer neue Herausforderungen stellte. So schien es eine Weile so, als könne man das Thema im eigenen Land bekämpfen: »Eine Zeit lang gab es die Problematik der Herstellung von Crystal in Sachsen. 2007 und 2008 war die Hochzeit, während der es in Sachsen mehrere Labore gab. Die haben aus pseudoephedrinhaltigen Tabletten Crystal selbst hergestellt. Das war mehr oder weniger fachmännisch. Damals konnte man schon die Informationen über die Herstellung im Internet nachlesen und wusste daher auch, wie einfach das war. Wir haben Leute gehabt, die haben nicht einmal die Hauptschule geschafft, aber das Kochen von Crystal haben die hinbekommen.«

Doch bei den sächsischen Drogenküchen, die mehr oder minder professionell Crystal erzeugten, blieb es nicht. Vielmehr änderte sich die Situation in den Jahren danach grundlegend. »Zwischen 2008 und 2010 kamen dann die Vietnamesenmärkte in Tschechien auf. Das hat dazu geführt, dass wir im Jahr 2012 kein Crystal-Labor in Sachsen mehr hatten. Der Grund dafür ist klar: Niemand braucht mehr Pseudoephedrin beziehungsweise Tabletten, um Crystal selbst zu kochen. Die Leute gehen auf die Vietnamesenmärkte und bekommen dort, was sie wollen, in den Mengen, die sie wollen. Da muss man sich nicht anmelden, man fährt nach Tschechien und holt sich einfach, was man will.«

Doch selbst diese Zeit wirkt rückblickend fast schon beschaulich. Der Einstieg der Vietnamesen in das Crystal-Geschäft geschah sukzessive, nahm erst mit den Jahren die späteren hochprofessionellen Züge an.

»Als die Asiaten anfingen, konnte man anfangs auch feststellen, dass die Qualität des Crystal nicht sehr gut war. Aber sie haben sich im Laufe der Zeit sozusagen hochgearbeitet und sich immer weiter verbessert. Auf tschechischem Gebiet haben die Asiaten mit der Zeit still und leise den Markt übernommen – und zwar als Produzenten und als Händler. Heute sind sie bei einer Wahnsinnsqualität zu Dumpingpreisen. Wenn ich sage Wahnsinnsqualität, dann bedeutet das einen Reinheitsgrad des Crystal von 90 und mehr Prozent.«

Und zwar auf der Straße. Es ist also so, dass dieses Crystal auf dem Weg von der Drogenküche zum Konsumenten nicht gestreckt wird. Trotzdem wird die Droge immer noch sehr billig gehandelt, jedenfalls in Tschechien. Dort liegt der Einstiegspreis bei unter 20 Euro auf den Asiamärkten. »Das Billigste, was wir bisher gehabt haben, das war ein Preis von nur zwölf Euro pro Gramm. In Chemnitz und Leipzig wird es dann meines Wissens für 80 Euro verkauft.«

Jeder Mensch kann sich an fünf Fingern ausrechnen, wie groß der Profit ist, wenn jemand ein Gramm für zwölf oder auch 20 Euro einkauft und es auf der anderen Seite der Grenze für 80 Euro verkaufen kann. Selbst wer zehn Gramm für vergleichsweise teure 200 Euro kauft und für 800 wieder verkauft, der macht einen Profit von 600 Euro beziehungsweise 300 Prozent Gewinn. »Die Fahrtkosten spielen dabei kaum eine Rolle. Vom Asiamarkt in Tschechien nach Chemnitz, das sind ja kaum 50 Kilometer.«

Das Risiko für die Drogenhändler oder Kuriere ist zudem immer noch recht niedrig. Seit der Grenzöffnung im Jahr 2007 wird nicht nur an den Grenzübergängen nicht mehr kontrolliert, neben den großen Routen gibt es nun auch unzählige andere Wege, an denen die Grenze überquert werden kann. Selbst wenn die Polizei ihre Kontrollen deutlich intensivieren würde, ist es nahezu unmöglich, den »Ameisenhandel« der vielen Kuriere zu unterbinden – das Gebiet ist einfach zu riesig.

»Seit der Grenzöffnung gibt es einerseits weniger Kontrollen an den Grenzen, außerdem gab es bei der sächsischen Polizei auch einen Personalabbau, was ebenfalls deutlich weniger Kontrollen zur Folge hatte. Wenn man heute beispielsweise von Dresden nach Prag fährt, kann es passieren, dass man unterwegs weder einen Zöllner noch einen Polizisten sieht. Insgesamt ist die Kontrolldichte also deutlich geringer als vor der Grenzöffnung. Und das, obwohl wir mit den machbaren Ressourcen den Fokus mittlerweile deutlich auf die Problematik legen. Es sind also Kontrolleinheiten der Polizei und des Zolls unterwegs. Aber es ist eben weniger Personal draußen auf der Straße, außerdem bekommen wir seit der Grenzöffnung und dem Wegfall der Kontrollen dort deutlich weniger Hinweise.«

Gleichzeitig perfektioniert der asiatische Crystal-Handel sein Geschäft immer weiter. Wie dessen Strukturen genau funktionieren, das ist noch unbekannt. Jedoch gibt es Informationen, dass es sich längst nicht mehr um Geschäfte Einzelner handelt, sondern vielmehr um ein strukturiertes Vorgehen. »Wir vermuten, dass im Hintergrund eine größere Organisation wirkt«, so Harald Schwab. Damit hängt auch die Vermutung zusammen, dass die zur Crystal-Herstellung benötigten Grundstoffe von den asiatischen Drogenköchen vielfach ebenfalls aus Asien importiert werden und ihren Weg ans Ziel, verstaut in Containern, auf verschlungenen Wegen erreichen. Die Ermittlungen in diesem Umfeld gestalten sich jedoch als sehr schwierig, da gerade die vietnamesischen Clans als sehr gut untereinander vernetzt gelten. Außerdem gibt es Anzeichen, dass sie auch über Staatsgrenzen hinweg miteinander kommunizieren und Geschäfte oder Transaktionen planen.

Dass es beim Crystal-Handel nicht um Einzelkämpfer geht, das lasse sich schon beim Besuch eines Vietnamesenmarktes schnell feststellen. »Wenn dort ein Verkäufer grad kein Crystal hat, dann fragt der am nächsten Stand nach.« Was ein deutlicher Hinweis darauf ist, dass man Hand in Hand arbeitet.

»Man muss noch hinzufügen, dass es auf den Asiamärkten nicht nur Crystal gibt, sondern logischerweise auch Marihuana.« Warum es dort angeboten wird, ist klar: Wenn ein Crystal-User mehrere Tage auf den Beinen war, dann braucht er irgendwann etwas, um mal wieder herunterzukommen, und dafür nimmt er eben Marihuana. Teilweise ist es sogar so, dass das Marihuana auf den Märkten eine Dreingabe darstellt, also ein Geschenk zusätzlich zum Crystal-Kauf. »Es gibt auf der anderen Seite aber auch Fälle, in denen dort nur Marihuana eingekauft wird. Das bedeutet wiederum, dass die Vietnamesen unheimlich viele Indoorplantagen zum Marihuanaanbau auf tschechischem Gebiet betreiben.«

Das Crystal, das von den Asiaten in Tschechien produziert wird, ist laut Schwab fast ausschließlich fur den Export bestimmt, also für die Märkte in Deutschland und auch Österreich. Daneben existiert in Tschechien aber noch ein weiterer Markt für den Konsum von Methamphetamin im Land. Dabei handelt es sich jedoch nicht um das Crystal beziehungsweise Methamphetamin in kristalliner Form, sondern immer noch um das klassische Pervitin, das meist als Pulver angeboten wird. »An diesem innertschechischen Markt sind die Vietnamesen nur teilweise beteiligt.«

Wie groß das Methamphetamin- und auch das Marihuanaproblem in Tschechien aktuell ist, das verdeutlichen Zahlen der dortigen Ermittlungserfolge: Laut Schwab wurden in Tschechien allein im Jahr 2012 nicht weniger als 235 Crystal-Labore unterschiedlichster Größe ausgehoben – mal im Hinterhof, mal in der Küche, mal aber auch zumindest semiprofessionell betrieben. Einige der Labore sollen so ausgestattet gewesen sein, dass sie durchaus in der Lage waren, an jedem Tag mehrere Kilogramm Crystal herzustellen.

Dazu kamen 199 Indoorplantagen zur Aufzucht der Marihuanapflanzen – und bei diesen Plantagen handelte es sich eben nicht um kleine private Vorhaben, sondern um professionell betriebene und teils riesige Anlagen.

Die großen Zahlen sprechen dafür, dass es etwa zur Crystal-Herstellung nicht nur das eine Großlabor, sondern viele kleine Betriebe gibt. Trotzdem hält sich immer noch die Vermutung, dass vielleicht doch an einem Ort eine umfangreichere Produktionsanlage existiert. Daher läuft derzeit beim Bundeskriminalamt eine Isotopenanalyse. In deren Rahmen werden größere Mengen sichergestellten Crystals untersucht, um herauszufinden, ob sie eventuell aus den gleichen Grundstoffen am selben Ort hergestellt wurden. Ergebnisse dieser Untersuchung sollen im Laufe des Jahres 2014 vorliegen.

So bedeutend die genannten Ermittlungserfolge auch erscheinen mögen, sie sind im Hinblick auf den gesamten Drogenmarkt im Grunde nur eine Kleinigkeit. Was sich auch zeigt, wenn zum Beispiel eine gewisse Menge an Crystal sichergestellt wird, die Beamten dann aber Rückschlüsse auf das gesamte Handelsvolumen einer bestimmten kriminellen Gruppe ziehen können. So berichtet Harald Schwab von einem Verfahren, in dessen Rahmen man 240 Gramm Crystal sicherstellen konnte. Während der weiteren Ermittlungen untersuchte man dann jedoch unter anderem, wie oft die Verdächtigen zuvor mit Drogen im Gepäck über die Grenze gefahren waren – und kam zu dem Ergebnis, dass diese tatsächlich Crystal in einer Gesamtmenge von 15,4 Kilogramm nach Deutschland gebracht hatten. »Die Sicherstellungsmengen für Deutschland sind sicher relativ gering, aber man muss die Diskrepanz zwischen den festgestellten und den tatsächlich ermittelten Mengen sehen.« Nur so lasse sich nachvollziehen, wie groß im Wortsinne das Gewicht des Crystal-Problems in Deutschland ist. Und wie groß es noch werden kann. Denn das mögliche Ausmaß einer regelrechten Crystal-Katastrophe lässt sich heute schon am Beispiel Tschechiens ablesen. Wie schon erwähnt, wird dort für den Export, aber auch für die Konsumenten im Land produziert. Die langjährige Tradition der Droge in Tschechien hat dort mittlerweile zu einer erschreckend hohen Zahl an Abhängigen geführt.

In Deutschland kann man nur hoffen, dass das Problem nie auch nur ansatzweise einen solchen Umfang annimmt. Harald Schwab hat von tschechischen Ermittlern erfahren, dass man von 30.000 Schwerstabhängigen ausgeht. Dazu zählen noch gar nicht die vielen Menschen, die Methamphetamin in größeren Zeitabständen oder geringen Mengen konsumieren – die Zahl umfasst nur diejenigen, die wirklich absolut abhängig von ihrem Stoff sind. »Allein diese 30.000 haben im Jahr einen Bedarf an 3,5 Tonnen Crystal«, so Harald Schwab.

Eine Menge, die bereits zahllose Labore auslastet und Dealern den Lebensinhalt sichert. Nicht enthalten ist darin selbstverständlich die Menge, die für Konsumenten jenseits der Grenze hergestellt wird. »Insgesamt geht man davon aus, dass in Tschechien pro Jahr 6,0 bis 6,5 Tonnen Methamphetamin produziert werden.« Zurückgerechnet auf eine Basiseinheit von rund 100 Milligramm Crystal für einen Rausch, bedeutet das 60 bis 65 Millionen Crystal-Portionen, von denen rund die Hälfte über die Grenze kommt und vorwiegend in den Händen deutscher Konsumenten landet.

Schaut man sich diese Zahlen an, dann wird ein weiteres Mal die Diskrepanz zwischen sichergestellten Mengen und dem tatsächlichen Umfang von Produktion und Handel deutlich: 2012 konnte die Polizei in Sachsen insgesamt 7,7 Kilogramm aus dem Verkehr ziehen.

Rückschlüsse auf eine mangelhafte oder vielleicht problematische Zusammenarbeit deutscher und tschechischer Stellen lässt all das jedoch nicht zu. So bezeichnet Harald Schwab die Kooperation sogar als hervorragend. Seit Jahren betreibe man in Petrovice direkt an der Grenze ein gemeinsames Zentrum, in dem deutsche und tschechische Polizei sowie Zollbehörden zusammenarbeiten.

In dem Zentrum bespricht man sich, neueste Erkenntnisse laufen dort zusammen – es findet also regelmäßig ein Austausch zwischen beiden Seiten statt. Auch gemeinsame Aktionen werden durchgeführt. Außerdem versucht man, Einfluss auf Kollegen der polnischen Polizei zu nehmen. In Polen nämlich gibt es zwar noch kein Crystal-Problem. Anders als in anderen Ländern können Drogenköche dort allerdings immer noch problemlos große Mengen an Tabletten kaufen, in denen die bei der Crystal-Herstellung begehrte Substanz Pseudoephedrin enthalten ist.

Dass deutsche und tschechische Polizeibeamte immer weitere Kenntnisse gewinnen und sich intensiver mit den Hintergründen des Crystal-Handels beschäftigen, führt mittlerweile zu Fortschritten, die sich durchaus in den sichergestellten Mengen der Droge bemerkbar machen, wenn auch immer noch in vergleichsweise bescheidenem Rahmen. Wurden im gesamten Jahr 2012 noch 7,7 Kilogramm Crystal sichergestellt, stieg die Menge im Jahr 2013 von Anfang Januar bis Ende August bereits auf 9,6 Kilogramm.

Diese Zahlen gelten allein für Sachsen. Doch dort weiß man natürlich auch darüber Bescheid, wie sich das Crystal-Problem in anderen Bundesländern entwickelt. »Wir haben immer gesagt dass sich das Problem ausbreiten wird. Warum sollte es in Sachsen bleiben, wenn das Zeug aus Sicht der Konsumenten wirklich so gut ist? Es war für mich immer naheliegend, dass es eine weitere Ausbreitung in andere Bundesländer geben wird. Mittlerweile ist dem auch so. Thüringen etwa hat 6,9 Kilogramm Crystal im Jahr 2012 sichergestellt. Außerdem haben wir gerade im Jahr 2013 in Sachsen viele Personen festsetzen können, die nicht nur aus Thüringen, sondern auch aus Sachsen-Anhalt oder Brandenburg kamen. Die meisten von denen hatten im dreistelligen Euro-Bereich Crystal eingekauft – weil es sich wegen der längeren Anreise für sie ja auch rentieren musste. Da ging es mal um Mengen im Wert von 500, aber auch von 800 Euro.«

Auch wenn in der Öffentlichkeit immer noch bestritten wird, dass Crystal die Grenzen der heute bekannten Problemregionen wie Sachsen, Thüringen und Bayern hinter sich lassen wird, sieht die Realität laut Schwab bereits anders aus. »Fast alle Bundesländer – außer vielleicht Bremen oder das Saarland – melden Sicherstellungen von Crystal.«

Wie die meisten Experten auf dem Gebiet des Crystal hält Harald Schwab Aussagen, dass Crystal sich auch in Zukunft noch überwiegend auf bestimmte Bereiche und Regionen beschränken wird, für unlogisch. Was auch mit der Natur des Drogenkonsums zu tun hat. Wer Drogen probiert, der sucht einen gewissen Kick, und gerade in Hinblick auf die »Qualität« dieses Kicks stellt Crystal die meisten anderen Rauschmittel wohl in den Schatten.

»Wer einmal Crystal konsumiert hat, der kann mit den normalen Amphetaminen nichts mehr anfangen. Ich vergleiche das immer mit einem VW Polo und einem Porsche. Wer die Möglichkeit hat, mit dem Porsche zu fahren, der fährt Porsche und nicht Polo. Hat man einmal Crystal genommen, da bringt das einfache Amphetamin nichts mehr, es wirkt nicht mehr so, wie es soll.«

Außerdem ist es ja auch nicht so, dass ein sächsischer Crystal-Konsument immer in seiner Heimat bleibt. »Wenn die zu einer Party oder einem Musikfestival in einem anderen Bundesland fahren, dann nehmen die das Zeug natürlich mit, und sicher wird es dann anderen Leuten dort angeboten. Sind die dann auf den Geschmack gekommen, dann nehmen die es ebenfalls.«

Harald Schwab weist in dem Zusammenhang auch auf Erfahrungsberichte von Crystal-Konsumenten hin, die im Internet zu finden sind. Längst nicht jeder dieser Erzähler stammt mehr aus den bekannten Crystal-Zentren, sondern eben auch aus anderen Bundesländern. Allein auf dem Portal drugscouts.de sind mittlerweile fast 1000 Erfahrungsberichte von Menschen eingestellt, die über ihren Crystal-Konsum berichten und teilweise auch andere davor warnen.

Dass in vielen Bundesländern Crystal offiziell noch kein Thema ist, das hängt laut Schwab auch damit zusammen, dass dort oft das Bewusstsein noch nicht so geschärft ist und dass eventuell nicht alle Drogen so genau untersucht werden, wie es beispielsweise in Sachsen der Fall ist. Hinzu kommt, dass immer noch eine gewisse Unwissenheit herrscht. Der Experte berichtet etwa von dem Anruf eines norddeutschen Polizeibeamten, der wissen wollte, ob Crystal das Gleiche wie Kokain sei.

In Sachsen wiederum ist man nicht nur mit dem Problem des Drogenhandels und -konsums konfrontiert, sondern natürlich auch mit den weiteren damit verbundenen Komplikationen. Etwa der schon von den Leipziger Streetworkern angesprochenen Beschaffungskriminalität. Im Jahr 2012 stieg die Zahl der mit Rauschgift in Verbindung gebrachten Straftaten auf 8875 – das waren 779 Fälle beziehungsweise 9,6 Prozent mehr als noch 2011. Auch und vor allem wegen Crystal. So gilt laut Harald Schwab in der Crystal-Szene das Motto: Ein Fahrrad entspricht einem Gramm Crystal. »Es werden unheimlich viele Fahrräder geklaut.« Eben weil sie recht einfach zu beschaffen sind und sich schnell wieder zu Geld machen lassen, das dann in den Drogenkauf investiert wird.

Doch das ist längst nicht alles: Teilweise wird von den Crystal-Junkies auf Bestellung geklaut. Wenn etwa eine Ladenkette ein bestimmtes neues Produkt anbietet, wird das gezielt entwendet und dann an den Kunden übergeben – im Tausch gegen Crystal.

Für die Auftraggeber solcher bestellter Raubzüge ist das ein relativ sicheres und einfaches Vorgehen. Sie selbst müssen sich nicht in Gefahr begeben, gleichzeitig wissen sie, dass sich immer irgendwo ein paar Crystal-Abhängige finden, die ihre Sucht finanzieren müssen und die durch die Wirkung der Droge bereit sind, größere Risiken einzugehen.

Schwab bestätigt dabei außerdem, dass sich die Beschaffungskriminalität im Rahmen des Siegeszuges des Crystal verändert hat. Der Heroinsüchtige von einst hat versucht, mit möglichst wenig Aufwand und Anstrengung vielleicht mal im Supermarkt Kaffee mitgehen zu lassen. Der Crystal-User dagegen geht in einer Mischung aus Rücksichtslosigkeit und Selbstüberschätzung vor und nimmt dabei deutlich größere Gefahren in Kauf. Das gilt einerseits für die höhere Risikobereitschaft bei den kriminellen Aktivitäten, auf der anderen Seite aber auch dann, wenn die Machenschaften entdeckt werden und die Polizei einschreitet. »Die Crystal-Abhängigen sind aggressiv und durch den Einfluss der Droge auch schmerzunempfindlich. Man braucht schon vier Leute, um die aus dem Auto zu ziehen.«

Noch gefährlicher als die Beschaffungskriminalität ist aber die kriminelle Energie derjenigen, die das Geschäft mit dem Crystal auf immer ausgeklügeltere Weise betreiben. Vor allem der Handel mit den Basisstoffen und auch mit der Droge wird fortwährend professioneller.

Was den Ermittlern dabei zunehmend Schwierigkeiten bereitet, ist der Einsatz moderner Kommunikationsmittel und des Internets. Damit verbunden ist auch die Nutzung aller zur Verfügung stehenden Verschleierungsmöglichkeiten, die es schwer bis unmöglich machen, entsprechende Kommunikation im Internet zu verfolgen. Etwa weil durch technische Kunstgriffe Adressen von Rechnern unkenntlich gemacht werden. Oder man kann zwar nachvollziehen, wer mit wem auf elektronischem Wege kommuniziert – aber nicht worüber.

Auch beim Handel und Schmuggel der Droge über die deutsch-tschechische Grenze werden immer neue Methoden eingesetzt. In jüngster

Vergangenheit wurden laut Harald Schwab sogar Fälle bekannt, in denen völlig Unbeteiligte als Drogenkuriere genutzt wurden. In diesen Fällen befestigten Kriminelle etwa Drogenpakete mit Magneten unter den Karosserien fremder Autos. Auf der anderen Seite der Grenze wurde die verborgene Drogenladung wieder entnommen, ohne dass die Fahrzeugeigner etwas davon mitbekamen. Das Ganze war hochprofessionell organisiert – so sorgten GPS-Sender in den Paketen dafür, dass diese sich jederzeit lokalisieren ließen. Es war also gar nicht nötig, den unfreiwilligen Kurieren direkt zu folgen, man konnte die Sendung zu jedem beliebigen Zeitpunkt abholen.

Das mag auf den ersten Blick wie eine geniale Idee wirken. Dass sie nicht ganz so genial war, das offenbart die Tatsache, dass die Fahnder dem Trick trotzdem auf die Spur kamen. »Wir haben aber schon lange gebraucht, bis wir wirklich wussten, wie die Sache lief«, gibt Harald Schwab zu. Auch weil die Schmuggler sich möglicher Risiken sehr bewusst waren. So ließen sie bei ihren Fahrten die eigenen Handys immer zu Hause zurück, weil sie befürchteten, dass man über die Mobiltelefone ihre Routen und Aufenthaltsorte verfolgen konnte.

Ein anderer Fahndungserfolg zeigt, dass sich nicht nur die Konsumenten von Crystal schwerer einordnen lassen als bei anderen Drogen – auch die damit verbundene kriminelle Geschäftemacherei sprengt bekannte Grenzen. So berichtet Harald Schwab vom Fall einer 59-jährigen Frau, die eigentlich strikt gegen Drogen war. Gleichzeitig aber hat sie mit ihrem Schwiegersohn einen florierenden Crystal-Handel betrieben, um eigene Immobiliengeschäfte zu finanzieren. Die Frührentnerin ist dabei selbst nach Tschechien gefahren und hat dort Crystal-Nachschub besorgt. Regelmäßig überquerte sie mit ihrem A-Klasse Mercedes die Grenze und holte bei einem vietnamesischen Händler ein Kilogramm Crystal. Zurück in Deutschland, übergab sie die Drogen dann ihrem Schwiegersohn, der sie verkaufte. Bis die Ermittler dem Treiben ein Ende setzten und sowohl Schwiegermutter als auch Schwiegersohn verurteilt wurden.

Die Polizei hat mittlerweile die seltsamsten Geschichten beobachtet und dadurch erfahren, dass es beim Crystal-Schmuggel wirklich keine Grenzen in Hinblick auf Vorgehen, Alter und sozialen Status gibt. Sei es, dass die Droge in der Pampers-Windel des eigenen Babys verstaut wird, der Taxifahrer das Taxischild auf dem Fahrzeugdach als Drogenbunker zweckentfremdet oder der Motorradfahrer das Crystal in den Protektoren an Knie und Ellenbogen seiner Lederkombi versteckt. »Es gibt kein Raster – weder Aussehen noch Fahrzeuge, noch sonst irgendwas. Wir haben schon alles gehabt.«

Insgesamt gesehen, erlebten die Fahnder in den mittlerweile fast 15 Jahren nach dem ersten Auftauchen von Crystal in Sachsen einen bisher nicht gekannten Aufstieg einer Droge. Sie mussten das Aufkommen der Vietnamesenmärkte ebenso beobachten wie die Ausbreitung des Crystal-Konsums über die Landesgrenzen hinweg, sie wurden mit immer trickreicheren Drogenschmugglern und einer neuen Art der Beschaffungskriminalität konfrontiert.

Das alles ließ jedoch noch nicht erahnen, welches Ausmaß das Thema Crystal schließlich tatsächlich annehmen sollte. »Wir, also die gesamte Polizei in Sachsen, haben mittlerweile mehr Crystal-Fälle als Cannabis-Fälle. Das ist ein Novum für die gesamte Bundesrepublik.« Denn traditionell steht das von den Konsumenten als vergleichsweise harmlos angesehene Cannabis beziehungsweise Marihuana unangefochten an der Spitze der Statistik. »Ich arbeite seit 1982 im Rauschgiftbereich. In dieser Zeit habe ich noch nie erlebt, dass eine Droge oder eine Drogenproblematik ein solches Ausmaß wie jetzt das Crystal angenommen hat. Für Sachsen – und vermutlich bald nicht mehr nur für Sachsen – halte ich Crystal tatsächlich für die gefährlichste Droge der Welt.«

Wenn andere Bundesländer sich weiter zurücklehnen und das Thema nur aus der Zuschauerperspektive verfolgen, dann werden sie irgendwann selbst davon überrollt werden, warnt Harald Schwab.

Mara S.: CSI – Crystal Scene Investigation

Dass die Polizei uns lange nicht auf die Spur kam, bedeutete natürlich nicht, dass sie untätig blieb. Anfangs hatten die Beamten wohl noch gedacht, dass es sich bei den Taten um Einzelfälle handelte. Irgendwann hat aber jemand doch einen Zusammenhang festgestellt. Wir haben dann irgendwie erfahren, dass in der Sache ermittelt wurde. Nicht wegen eines einzelnen Bruchs, sondern wegen einer groß angelegten Raubserie. Durch Spuren an den Tatorten hatte man festgestellt, dass es sich oft um identische Personen beziehungsweise Täter handelte. Zu unserem Glück waren es offenbar Spuren, die sich nicht weiter verfolgen ließen – nicht jeder von uns war vorbestraft, daher fand man wohl in den Datenbanken beim Abgleich keinen Treffer. Das kann ich allerdings nur vermuten, denn einen Einblick in die Ermittlungen hatte ich nicht.

Für uns war die Nachricht über die Ermittlungen in der Einbruchsserie ein Warnschuss. Crystal hat ja zum Teil auch die Nebenwirkung, dass man paranoid wird, sich immer und überall verfolgt fühlt. Dass wir nun tatsächlich verfolgt wurden beziehungsweise dass man nach unbekannten Tätern fahndete, das machte die Sache für uns nicht einfacher.

Als wir von den Ermittlungen erfuhren, wussten wir, dass wir noch vorsichtiger werden mussten. Wir waren zwar ständig auf Droge, aber verblödet waren wir nicht. Jeder von uns kannte aus dem Fernsehen Serien wie *CSI* oder auch den *Tatort*. Dadurch war uns auch klar, welche Mittel der Polizei zur Verfügung standen, um Täter zu überführen. Vor allem die Sache mit den DNA-Tests hat uns fast verrückt gemacht. Jedes Kind wusste ja mittlerweile, dass oft schon eine winzige Hautschuppe ausreicht, damit sich mit einem am Tatort gefundenen Haar der Täter überführen lässt.

Also haben wir immer stärker aufgepasst. Wir haben so sehr aufgepasst, wie es ein mit Crystal vollgepumpter Mensch nur kann. Weil die Droge mit dem Kopf und den Gedanken die ungewöhnlichsten Sachen anstellt, fielen uns auch stets neue Möglichkeiten ein, wie man auf unsere Spur kommen könnte, und wir hatten ständig neue Ideen, um genau das zu verhindern, bis uns die nächste Gefahr einfiel und wir dann auch dafür nach einer Lösung suchten.

Wir haben schließlich alle immer Handschuhe getragen. Und wir haben unsere Handschuhe andauernd kontrolliert, weil irgendjemand mal gesagt hat, dass schon ein winziges Loch ausreiche, um an einem Gegenstand einen verwertbaren Fingerabdruck zu hinterlassen, der die Polizei weiterbringen kann. Das ging ständig so: Handschuhe anziehen, Handschuhe ausziehen und kontrollieren, Handschuhe wieder anziehen.

Außerdem haben wir immer die Sohlen unserer Schuhe abgeschrubbt, weil wir im Fernsehen mitbekommen hatten, dass sich allein durch den Schmutz an den Schuhen nachvollziehen lässt, wo der Täter gewesen ist. Wir waren so paranoid, dass wir dachten, wenn jemand etwas Staub von unseren Schuhen am Tatort entdecken würde, dann könnte die Polizei damit unser Versteck finden, die Wohnung, in der wir lebten und einen Teil der Beute bis zum Verkauf bunkerten.

Auch im Sommer waren wir nun immer mit Mützen unterwegs – man sollte ja kein Haar von uns auf dem Boden finden. Selbst das Rauchen haben wir uns verkniffen, niemand hat im Umkreis von zwei Blocks zum Tatort eine Zigarette angezündet – vor allem hat niemand eine Kippe weggeworfen, weil sich durch den Speichel am Filter herausfinden ließ, wer die Zigarette geraucht hatte. Wir haben da wirklich an jede kleinste Möglichkeit und jedes Risiko gedacht. Es galt zum Beispiel auch als Grundregel, dass niemand auf den Boden spuckt. Aus dem gleichen Grund wie bei all den anderen Vorsichtsmaßnahmen: bloß keine DNA-Spur hinterlassen.

Wenn wir zwischendurch mal wieder ein parkendes Auto aufbrachen, weil da etwas Wertvolles drinlag, dann haben wir nach dem Bruch fast schon eine Grundreinigung durchgeführt und den Innenraum überall da abgewischt, wo wir Spuren von uns vermuteten. So seltsam, wie wir drauf waren, nahm das dann oft gar kein Ende, weil uns immer wieder neue Stellen einfielen, die wir noch reinigen mussten. Das ging so weit, dass wir teilweise auch den Dachhimmel aus den Autos geschnitten haben, weil wir fürchteten, jemand von uns wäre mit dem Kopf dagegen gekommen und hätte vielleicht ein Haar oder Schweißspuren hinterlassen.

Meine Soloausflüge habe ich zu dieser Zeit fast völlig sein gelassen. Zwar bekommt man mehr von der Beute, wenn man sie mit keinem teilen muss. Auf der anderen Seite ist die Beute auch kleiner und das Risiko dafür um einiges höher. Und dann gab es da noch einen Grund, den ich vermutlich gar nicht erwähnen sollte. Aber es ist so, wie es ist: In der Gruppe machte es mehr Spaß.

Außerdem gab es in der Gruppe immer jemanden, den ich vorschieben konnte, wenn ich die Sache für zu riskant hielt.

Ich habe jetzt die ganze Zeit von »uns« oder »Gruppe« gesprochen. Wenn ich ehrlich bin, ging es mir aber auch dabei immer vor allem um mich. Mit den anderen habe ich zusammengearbeitet, weil es mir mehr Spaß gemacht hat und weil es für mich sicherer war. Ich weiß nicht, was ich getan hätte, wenn wir doch einmal von der Polizei erwischt worden wären. Es wäre einfach, jetzt zu behaupten, dass ich im Verhör den Mund gehalten und niemanden verraten hätte. Das würde ich mir aus heutiger Sicht wirklich wünschen. Wenn ich allerdings zurückdenke und mir vorstelle, wie ich da in einem Verhörzimmer sitze. Dass Beamte mich mit Fragen löchern, während ich merke, dass die Wirkung der Droge nachlässt, und ich immer nervöser und fahriger werde, weil ich einfach nur Crystal will. Ich weiß es nicht, aber ich kann einfach nicht ausschließen, dass ich alles getan hätte, um da wieder rauszukommen, auch wenn ich dafür andere hätte verraten müssen.

Vielleicht habe ich sogar damals schon an so eine Situation gedacht. Auf jeden Fall war ich immer sehr vorsichtig, noch vorsichtiger als die anderen. Ich habe vor allem auf mich selbst aufgepasst, denn dumm bin ich ja nicht. Also habe ich auch für mich noch weiter überlegt, wie gefährlich die Sache für mich persönlich ist, wie hoch das Risiko ist, dass ich selbst erwischt werde.

Ich hatte ja auch immer den Vorteil, dass ich eine Frau war zwischen den fast ausschließlich männlichen Freunden. Andere Frauen wollte ich nie in meiner Nähe haben, all die Jahre lang habe ich den Kontakt zu weiblichen Junkies gemieden. Frau und Frau, das ist schon im normalen Leben nicht leicht, finde ich. In der Drogenszene ist es aber noch schwerer, weil man immer konkurriert – um einen Typen, um den Stoff, vor allem um den Typen mit dem Stoff.

Dass ich die einzige Frau war, das hatte viele Vorzüge. Wenn mir etwas zu gefährlich war, dann habe ich immer einen anderen überzeugen können, dass der die Sache durchzieht, ich habe mich dann im Hintergrund gehalten.

Man kann ja noch so tief im Drogensumpf stecken, einige Dinge verändern sich dennoch nicht. Es ist wohl irgendwie in den Männern verankert, dass sie Frauen helfen und sie beschützen wollen. Hätte ein Typ einem anderen gesagt, er solle doch bitte mal die gefährliche Arbeit übernehmen, hätte das zu nichts als Streit geführt. Wenn ich einen dieser Freunde um etwas bat, dann hatte ich damit meistens Erfolg. Ich konnte mich im Hintergrund halten und im Notfall auch schneller fliehen.

Das mag bösartig und rücksichtslos klingen, aber ich kann nur wiederholen: Wenn man auf Droge ist, dann denkt man anders. Der

Schutz der eigenen Person hat einen viel höheren Stellenwert, weil man auch seine Ängste viel intensiver erlebt als normale Menschen. Die Droge war meine Flucht vor meinen Ängsten, sie führte aber auch dazu, dass ich immer wieder mit ihnen konfrontiert wurde.

Eine meiner größten oder vielleicht überhaupt meine größte Angst war es, eingesperrt zu werden. Was natürlich nicht dadurch gemildert wurde, dass wir gemeinsam und ich auch allein fast täglich kriminell aktiv waren und Dinge taten, für die wir vor Gericht kommen und schließlich im Gefängnis landen konnten.

Gefängnis, mir wird schon schlecht, wenn ich an das Wort nur denke.

Obwohl sich in meinem Leben sonst alles um Drogen drehte, habe ich immer an das Gefängnis gedacht. Das war meine ständige Angst, dass ich dort landen könnte. Ich allein in einer Zelle, eingesperrt, nicht mehr tun dürfen, was ich will. Jedem Befehl Folge leisten müssen. Crystal hätte ich, soweit ich weiß, vermutlich auch im Knast bekommen. Das wäre also nicht das große Problem gewesen. Aber der Gedanke an das Eingesperrtsein, der war einfach schrecklich, den Knast hätte ich wohl nicht überlebt, glaube ich.

Wenn ich also andere vorgeschoben habe, dann habe ich das nicht getan, um ihnen etwas Böses anzutun. Es ging dabei nicht um die anderen, sondern allein um mich. Ich habe mich geschützt. Dieser Selbstschutz ging jedoch noch weit darüber hinaus: Die anderen haben während der Einbrüche Handschuhe getragen und darauf geachtet, dass sie keine Spuren hinterließen. Ich aber bin bald ohne Handschuhe auch tagsüber gar nicht mehr aus dem Haus gegangen Ich habe auch immer als Erste daran gedacht, mir Handschuhe anzuziehen, wenn wir nachts loszogen.

VON 350 AUF 5000 IN VIER JAHREN: CRYSTAL IN BAYERN

1. Januar 2013

Drogenfund bei Durchsuchungsaktion – zwei Festnahmen

KULMBACH. Umfangreiche Ermittlungen der Kulmbacher Polizei und der Kriminalpolizei Bayreuth führten am Mittwoch zur Festnahme eines 40-Jährigen und einer 29-Jährigen. Bei einer Durchsuchungsaktion in zehn Wohnungen stellten die Rauschgiftermittler knapp zehn Gramm Crystal und verschiedene Drogenutensilien sicher.

7. Januar 2013

Drogenschmugglerin mit Crystal geschnappt

SCHIRNDING, LKR. WUNSIEDEL. Den richtigen Riecher hatten Schleierfahnder am Donnerstagmittag am Schirndinger Bahnhof. Die Polizisten fanden bei einer 37 Jahre alten Frau Crystal im zweistelligen Grammbereich. Die Tatverdächtige sitzt inzwischen in Untersuchungshaft.

4. Februar 2013

Schmuggel von Crystal endet mit Haft

FURTH I. WALD. Bei einer Routinekontrolle ergaben sich für die Ermittler Hinweise auf Körperschmuggel. Eine körperliche Untersuchung brachte fast 80 Gramm des Betäubungsmittels Crystal Speed hervor.

28. Februar 2013

Schweinfurter bei Körperschmuggel aufgeflogen

MARKTREDWITZ, LKR. WUNSIEDEL. In seinem Körper versteckt, schmuggelte ein 24-Jähriger die gefährliche Modedroge Crystal von Tschechien nach Deutschland. Der junge Mann muss sich nun wegen eines Verstoßes nach dem Betäubungsmittelgesetz verantworten. (...)

Ein Arzt entfernte aus dem Körper des Schmugglers ein Kondom mit einigen Gramm Crystal.

4. März 2013

100 Gramm Crystal in der Unterhose – Haftbefehl

MARKTREDWITZ/LKR. WUNSIEDEL/HOF. Trotz mittlerweile bekannt hohen Fahndungsdruck und konsequentem Durchgreifen der Strafverfolgungsbehörden gehen immer wieder junge Leute das Risiko des Einfuhrschmuggels von Crystal aus Tschechien ein. Einen 28-Jährigen erwischte es am Freitagabend in Marktredwitz, als ihn Schleierfahnder mit 100 Gramm der gefährlichen Droge im Zug aus Eger ertappten. Seine Risikobereitschaft führte ihn direkt ins Gefängnis.

6. März 2013

18-Jährige schmuggelt Crystal Speed im Haarschopf versteckt über die Grenze – Vorführung beim Haftrichter

HINTERSCHMIDING, LKR. FREYUNG-GRAFENAU. Da waren selbst die erfahrenen Schleierfahnder etwas überrascht. Im Rahmen einer Verkehrskontrolle wurde die 18-jährige Fahrerin eines silberfarbenen Opel Astra auf der Bundesstraße 12 angehalten und überprüft. Bei einer späteren Durchsuchung der Frau auf der Dienststelle in Freyung konnten die Beamten in ihrem Haarschopf versteckt 21 Gramm der Modedroge Crystal Speed, verpackt in einem kleinen Beutel, auffinden und sicherstellen.

19. März 2013

Handwerker mit prall gefüllter Geldbörse

A 9/BERG, LKR. HOF. Schleierfahnder der Hofer Verkehrspolizei fanden am Montag bei einer Kontrolle in der Geldbörse eines 41-Jährigen elf Gramm Crystal und drei Brocken Haschisch.

29. April 2013

27-Jähriger schmuggelt Crystal über die Grenze

B 303/SCHIRNDING, LKR. WUNSIEDEL. Ein junger Mann aus dem Landkreis Bayreuth ging den oberfränkischen Schleierfahndern ins Netz. Er hatte am Samstagvormittag nicht nur mehrere Gramm der synthetischen Droge Crystal nach Bayern geschmuggelt, sondern saß auch unter Drogeneinfluss am Steuer.

10. Juni 2013

Mit Crystal im Taxi unterwegs

B 303/SCHIRNDING, LKR. WUNSIEDEL. Marktredwitzer Schleierfahnder hatten am Donnerstagabend wieder einmal den richtigen Riecher. Bei zwei Taxifahrgästen fanden sie über 140 Gramm Crystal. Die beiden Männer sitzen inzwischen in Untersuchungshaft.

9. Juli 2013

Drogenschmuggler gehen Schleierfahndern ins Netz

B 303/SCHIRNDING, LKR. WUNSIEDEL. Marktredwitzer Fahnder nahmen am Freitagabend zwei 20-jährige Männer, die zuvor aus Tschechien nach Bayern eingereist waren, näher unter die Lupe. Bei einem der beiden Autoinsassen fanden die Polizisten Crystal im zweistelligen Grammbereich. Er sitzt inzwischen in Untersuchungshaft.

22. Juli 2013

Körperschmuggel aufgeflogen

SCHIRNDING, LKR. WUNSIEDEL. Einen Körperschmuggel deckten Schleierfahnder der Marktredwitzer Polizei am Freitagnachmittag bei einer Kontrolle im Zug auf. Eine 26-Jährige aus Mittelfranken setzte sich dem Risiko aus und schmuggelte das gefährliche Crystal im Körper. Gegen die Frau erging am Wochenende Haftbefehl.

(...)

Den Verdacht, dass die Dame Drogen schmuggelt, bestätigte eine richterlich angeordnete Untersuchung durch einen Arzt. Dieser konnte das in einem Einweghandschuh verpackte Crystal zutage fördern.

Bei all diesen Fakten und Fällen handelt es sich um Ausschnitte aus Pressemitteilungen, mit denen die Polizei Bayern den Medien ihre Erfolge mitteilte – und es handelt sich nur um einen kleinen Überblick aus der großen Masse solcher Mitteilungen im Jahr 2013. Denn die Zahl der Crystal-Delikte steigt ständig an.

»Wenn man die Fallzahlen bundesweit verfolgt, dann sieht man, dass es im Jahr 2008 rund 350 solcher Fälle gab, im Jahr 2012 waren es bundesweit schon 5000 – davon fast 2500 in Bayern«, sagt Bernhard Kreuzer. Der Erste Kriminalhauptkommissar und stellvertretende Leiter des Sachgebiets synthetische Droge beim Landeskriminalamt Bayern arbeitet seit 32 Jahren in der Verbrechensbekämpfung und hält das Phänomen Crystal für bisher einzigartig. Allein schon dadurch, dass sich die Fallzahlen bislang jährlich verdoppelten. Jedoch nicht nur die Fallzahlen: »Die Sicherstellungen von Crystal steigen – wenn auch auf niedrigem Niveau«, berichtet Kreuzer. Das bezieht sich nicht nur auf die Gesamtzahl, sondern vor allem auch auf die Mengen an Crystal, die von der Polizei pro Festgenommenem entdeckt werden. Noch bedeutet das allerdings nicht, dass es sich dabei um einen organisierten Drogenschmuggel im großen Stil handelt. »Es gibt zwar Fälle, die auf ein organisiertes Handeln schließen lassen. Sie sind bisher jedoch noch deutlich in der Minderzahl.«

Doch auch wer 50 oder 100 Gramm über die Grenze bringt, wird solche Mengen nicht immer für den Eigenbedarf eingekauft haben. Vielmehr dient der Verkauf einer Teilmenge häufig dazu, Geld für künftige Nachschubkäufe zu beschaffen.

»Wir haben häufiger zudem bereits Fälle, in denen es sich um Mengen von 500 Gramm bis zu einem Kilogramm Crystal handelt.«

Bekannt war Crystal in Bayern seit Langem. Zu einem wirklich drängenden Problem herangewachsen ist die Droge laut Kreuzer allerdings erst seit dem Jahr 2009. Ebenso wie sein sächsischer LKA-Kollege Harald Schwab bringt er diesen Zeitpunkt in Zusammenhang mit dem vermehrten Auftauchen der Vietnamesenmärkte jenseits der Grenze und der folgenden weiteren Professionalisierung von Produktion und Handel durch die Asiaten. Seitdem habe sich die Crystal-Problematik in Bayern immer weiter ausgebreitet. Angefangen habe es in den grenznahen Gebieten im bayerischen Osten. »Danach hat sich Crystal für Bayern wie eine Tumorerkrankung entwickelt, ist von Osten immer weiter nach Westen metastasiert.« Mittlerweile ist Crystal im gesamten Bundesland ein Thema, wenn auch in unterschiedlicher Dichte. Vor allem in Oberfranken und der Oberpfalz seien gehäuft Crystal-Fälle zu verzeichnen. »In Niederbayern gibt es ebenfalls viele – aber immer noch weniger als in diesen Bereichen.«

Anders als in anderen Regionen Deutschlands versucht in Bayern mittlerweile kaum jemand mehr, das Problem Crystal kleinzureden. Im Gegenteil: »Hier wird über alle Fachbereiche hinweg gesagt: ›Da muss man etwas tun‹ – so etwas habe ich noch bei keiner anderen Droge erlebt«, meint Kreuzer. Es handelt sich also um einen jener seltenen Fälle, in denen sich nicht sogenannte Hardliner und die Befürworter einer gelockerten Drogenpolitik unvereinbar gegenüberstehen. Vielmehr ziehen Polizei, Politik, Suchtmediziner und andere Stellen an einem Strang. Was sie tun können, das ist jedoch vergleichsweise wenig. Sie können Kontrollen verstärken, Aufklärung über die Gefahr der Droge betreiben. Doch das eigentliche Problem liegt eben nicht in Deutschland, sondern auf der anderen – der tschechischen – Seite der Grenze. Kreuzer sieht daher vor allem die Behörden dort gefordert, mehr als bisher gegen die Produktion und den Handel der Droge zu unternehmen. Denn während Harald Schwab in Sachsen die Zusammenarbeit mit der tschechischen Polizei lobt, stellt Kreuzer die Frage, warum trotzdem immer noch Vietnamesenmärkte existieren oder neu entstehen, auf denen statt mit üblicher Handelsware mit Crystal und Cannabis gedealt wird. Er fragt sich außerdem, warum vor allem kleine Drogenküchen geschlossen werden, die vermuteten großen Labore zur Produktion der Drogen für den deutschen Markt dagegen weitgehend unangetastet bleiben.

Ob und wann sich daran etwas ändern wird, darüber kann auch Kreuzer nur Vermutungen anstellen. »Aber die Prognosen sind nicht sehr positiv.«

Das gilt in der Folge auch für die weitere Ausbreitung des Crystal in Deutschland. Bernhard Kreuzer berichtet, dass man bereits Drogenkuriere gefasst hat, die mit Crystal auf dem Weg nach Baden-Württemberg und Hessen waren. Fast alle anderen Bundesländer hätten zudem ebenfalls Sicherstellungen von Crystal gemeldet, wenn auch noch in vergleichsweise geringen Mengen. »Das einzige Bundesland, in dem es 2012 keine Sicherstellungen von Crystal gab, ist meines Wissens Schleswig-Holstein.« Doch selbst dieser weiße Fleck auf der zunehmend dunkler werdenden Crystal-Landkarte ist mittlerweile farbig geworden. Im Sommer 2013 meldete die Polizei in der schleswig-holsteinischen Stadt Bad Segeberg:

Drogenfund bei Wohnungsdurchsuchung

BAD SEGEBERG. Nach umfangreichen Ermittlungen der EG BtM (Ermittlungsgruppe Betäubungsmittel) der Kriminalpolizei Bad Segeberg wurden am Montag, den 01.07.2013, mehrere Durchsuchungsbeschlüsse in Bark/Bockhorn vollstreckt. Im Fokus stand eine 46-jährige Frau, die des Handels mit mehreren Kilogramm Marihuana und Amphetaminen verdächtigt wurde. Zwei weitere Personen werden beschuldigt, der Frau Beihilfe geleistet zu haben. Bei der Durchsuchung konnten neben ca. 2000,- Euro Drogengeld auch mehrere hundert Gramm Marihuana sowie Methylamphetamin, das umgangssprachlich auch als »Crystal Meth« bezeichnet wird, beschlagnahmt werden. »Crystal Meth« gilt als gefährliche Droge, die bei Einnahme zu Psychosen, dramatischem körperlichen Verfall sowie nahezu sofortiger Abhängigkeit führt. Die Hauptverdächtige legte ein Geständnis ab und wurde aufgrund mangelnder Haftgründe nicht in Untersuchungshaft genommen. Sie muss jedoch mit einer Anklage sowie einer Haftstrafe rechnen.

Mara S.: Kochideen

Unsere Einbrüche waren erfolgreich, die Polizei erwischte uns nie – im Grunde war das ein Weg, den wir wohl unendlich hätten weitergehen können. Wenn in mir nicht diese ständige Angst vor dem Gefängnis gearbeitet hätte. Es verging kein Tag, an dem ich nicht über das Risiko nachdachte und mir uberlegte, welche anderen Möglichkeiten es noch gab, möglichst einfach an Crystal zu kommen. Mir war klar, dass Geld dabei das eigentliche Problem darstellte. Brauchte ich für die Droge weniger Geld, dann musste ich mich auch nicht ständig der Gefahr aussetzen, geschnappt zu werden. Das führte schließlich zu dem einzig logischen Gedanken: Wenn ich Crystal Meth selbst kochte, dann wäre ich all diese Sorgen los. Also habe ich darüber nachgedacht, wie ich das anstellen könnte. In der Szene gab es viele Leute, die wussten, wie man Crystal kocht. Die erzählten uns immer, wie einfach das war und wie leicht man an die nötigen Zutaten kam. Da ich wusste, dass viel Mist erzählt wurde, habe ich mich selbst schlaugemacht. Ein Computer fand sich schließlich auch in der heruntergekommensten Junkie-Bude. Ich habe mich hingesetzt und im Internet gesucht. Es hat mich ziemlich überrascht, wie viele Informationen man dort findet – und vor allem, wie leicht man sie findet. Ich entdeckte detaillierte Angaben, welche Zutaten man benötigte, wo man die Zutaten besorgen konnte und wie man das alles dann mischen und kochen musste.

Auf YouTube gab es sogar Videos, die alles zeigten. Einige wollten dem ersten Anschein nach vor der Droge warnen, gingen dann aber schnell in eine ausführliche Kochanleitung über. Andere stellten einfach ganz genau den kompletten Herstellungsprozess dar.

Mir kam das seltsam vor. Ich konnte kaum glauben, dass jeder öffentlich demonstrieren durfte, wie einfach es war, eine verbotene Droge herzustellen. Also habe ich weitergesucht und bin auf Informationen gestoßen, die das alles in einem ganz anderen Licht präsentierten. Zum Beispiel hatte ich gelesen, dass es kinderleicht war, Crystal einfach durch Schütteln in einer Plastikflasche herzustellen. »Shake and Bake« nannten die das. Laut Anleitung musste man sich eine Zwei-Liter-Wasserflasche besorgen, dazu ein paar Erkältungstabletten und noch einige Chemikalien, die frei verkäuflich waren. Danach, hieß es, müsse man die Flasche nur einige Male schütteln, dann würde sich das reine Crystal Meth ablagern.

Das hörte sich zunächst einmal perfekt an, ich war fast schon überzeugt, die Lösung aller Probleme gefunden zu haben. Man brauchte keine Küche, keinen Kochtopf oder gar eine Flamme, ich konnte mein Crystal Meth dann überall durch ein wenig Schütteln herstellen. Doch dann stieß ich auf weitere Informationen: Das Rezept hatte einige unschöne Besonderheiten dieser Technik unerwähnt gelassen. Wichtig war nämlich, wie ich erfuhr, dass sich nicht die geringste Spur Sauerstoff in der Flasche befand. Außerdem konnte man nicht einfach schütteln, wie man wollte, man musste es in genau dem richtigen Tempo und Rhythmus machen. Am Ende durfte man zudem nicht zu gierig sein und schnell den Deckel aufschrauben. Ließ man nur eine dieser Regeln außer Acht, dann wurde der Inhalt der Flasche zu einem extrem gefährlichen und vor allem explosiven Gemisch. Wenn das in die Luft ging, konnte es Hände abreißen oder einem die komplette Haut verbrennen. Da war mir trotz aller Gier auf Crystal klar, dass diese Technik keine Lösung sein konnte. Denn kein Junkie hätte es geschafft, immer einen so klaren Kopf zu behalten, dass nichts schiefging.

Auch das Kochen in der Wohnung las sich zuerst einfach und sicher, stellte sich in Wahrheit aber als ebenfalls ziemlich gefährliche Sache heraus. Ich war in jener Zeit kein Mensch, der sich sehr um seine Gesundheit kümmerte – sonst hätte ich sie ja nicht täglich ruiniert. Doch auch für mich gab es immer noch eine Grenze. Durch das Internet erfuhr ich, dass Crystal auch beim Kochen explodieren konnte, außerdem lagerten sich überall chemische Dämpfe ab. Auf den Möbeln, den Wänden, einfach überall. Das war im Endeffekt so, als würde man auf einer Sondermülldeponie wohnen. Wenn ich mich durch das Crystal an sich kaputt machte, dann war das die eine Sache. Aber ich wollte das nicht auch noch dadurch beschleunigen, dass ich ständig giftige Dämpfe einatmete oder mir Kochtöpfe um die Ohren flogen.

Zusätzlich hat mich ein letzter Rest Selbsterkenntnis davon abgehalten, mit dem Kochen anzufangen. Selbst wenn nichts schiefgegangen wäre und mir nicht die Flaschen oder Töpfe um die Ohren geflogen wären, wäre die eigene Drogenküche dennoch mein Todesurteil gewesen. Wenn ich das Zeug selber hergestellt hätte, in unbegrenzten Mengen, dann hätte ich das natürlich auch bis zum letzten Milligramm aufgebraucht – die Überdosis wäre dann vorprogrammiert gewesen.

Doch selbst das war noch nicht der alles entscheidende Grund, der mich von dieser Idee abgebracht hat. Der wichtigste Punkt war ein anderer. Ich habe ja schon gesagt, dass ich große Angst vor dem Gefängnis hatte – und für das Crystal-Kochen gibt es hohe Strafen. Der Gedanke daran hat mich noch mehr vom Kochen abgehalten als die Angst vor dem möglichen Tod.

Wie richtig und wichtig es war, dass ich nicht selbst mit dem Crystal-Kochen angefangen habe, ist mir allerdings erst später aufgegangen. Denn abgesehen von den Gefahren bei der Herstellung gibt es noch ein weiteres Problem, das man nicht unterschätzen sollte: Mit dem Wissen über das Kochen und den tatsächlichen Herstellungsprozess lebt man auch gefährlich. Da draußen gibt es ja einige Leute, die mit ihrem Crystal viel Geld verdienen. Und das sind Leute, mit denen man sich nicht anlegen will, die sollten einen nicht als Konkurrenz sehen – vor denen hat man einfach nur Angst.

Man braucht nur an die schon erwähnte Fernsehserie *Breaking Bad* zu denken. Die erzählt bekanntlich die Geschichte des an Krebs erkrankten Chemielehrers Walter White, der beginnt, Crystal Meth zu kochen, und schließlich immer weiter in die Kriminalität abrutscht. Natürlich ist die Handlung erfunden, außerdem spielt sie in Amerika, wo ganz andere Verhältnisse herrschen. Trotzdem ist sie nicht sehr weit von der Realität entfernt, das gilt gerade in Zusammenhang mit der kriminellen Seite der Sache. Auch hier bei uns ist es ja nicht so, dass lediglich ein paar Leute in Hinterhofküchen Crystal für Freunde und Bekannte produzieren. Wie wohl immer, wenn es um Drogen geht, stecken dahinter Typen, die das ganz große Geld machen wollen und dafür alles tun. Wer sich denen in den Weg stellt, und sei es nur dadurch, dass er für den Eigenbedarf mit dem Kochen beginnt, der lebt gefährlich.

Dass hinter Crystal in Tschechien große Organisationen stecken, das wusste oder ahnte jeder Junkie. Das Crystal, das bei uns im Umlauf war, kam zwar immer mal wieder aus unterschiedlichen Quellen. Das meiste war aber wirklich reines Zeug, das war nichts, was man auf eigene Faust im Kochtopf anrühren konnte. Selbst als Laie hat man das erkannt. Wer so viel Ware in immer gleicher Qualität auf den Markt bringen konnte, der musste auch eine entsprechende Produktionsanlage haben. Uns war klar, dass das Zeug in großem Rahmen in richtigen Laboren in Tschechien hergestellt wurde. Ich habe keine Ahnung, woher wir das wussten, aber wir wussten es und hatten keinen Zweifel daran.

Natürlich entstanden immer auch mal kleine Küchen, versuchten Leute, ihr eigenes Ding durchzuziehen. Aber für die ist es ja längst nicht so einfach, wie man sich das vorstellt – selbst wenn man die Gefahr durch die großen Drogenbanden außen vor lässt. Wenn jemand Crystal herstellt, dann bleibt das nicht unbemerkt. Da entsteht ja auch ein Geruch, ein richtiger Gestank ist damit verbunden – das stinkt so intensiv, dass sich eine Küche in bewohnten Gebieten gar nicht tarnen lässt. Das geht vielleicht, wenn du ein- oder zweimal im Jahr etwas kochst. Aber wenn es öfter so riecht, dann werden die Leute schon darauf aufmerksam. Die kleinen Küchen findet man deswegen vor allem in Wäldern oder anderen einsamen Landstrichen. Manche benutzen zum Kochen auch Lieferwagen oder Wohnwagen, mit denen sie immer wieder an einen anderen Ort fahren können – auch so eine Sache, die mit dem übereinstimmt, was in *Breaking Bad* gezeigt wird.

Wo genau mein Crystal herkam, das habe ich nie herausgefunden und ich wollte es auch nicht erfahren. Klar wusste man das mit den Laboren, hörte vielleicht, dass irgendwo einer eine neue Küche aufmachte. Aber mehr auch nicht. Da, wo ich es kaufte, hatte Meth bestimmt schon die siebente oder achte Station durchlaufen – war vom Labor oder von der Küche über die Grenze geschafft worden und dann von einer Verteilstation zur nächsten.

Das war mir auch immer am liebsten, weil ich so nicht weiter ins Visier der Polizei geraten bin. Die haben ja auch ihre Quellen und hören sich in der Szene um. Hätte ich gewusst, wo produziert wurde, und wären die auf mich aufmerksam geworden, hätten sie mich ausgequetscht. Und hätte ich die Quelle gekannt und wäre vielleicht selbst hingegangen, um mir mein Crystal zu kaufen, dann hätte ich ja gleich ein doppeltes Problem gehabt. Denn ich wäre damit ein Risiko für den Produzenten, der mich vielleicht aus dem Weg schaffen würde – schließlich bewegt man sich doch in einem sehr kriminellen Umfeld.

Dass der Markt überwiegend mit dem Labor-Crystal aus Tschechien abgedeckt wurde, bedeutete allerdings nicht, dass man nicht auch Stoff aus anderen Quellen bekam. Solche Sachen waren sogar gesucht und besonders begehrt. Dazu muss man vielleicht wissen, dass Crystal nicht gleich Crystal ist. Außerdem ist das reine Zeug nicht immer das, was dem Junkie am meisten gibt. Das reine Methamphetamin aus dem Labor, das sieht zwar sauber aus und lässt sich gut zerdrücken - aber es wirkt einfach nicht so.

Außerdem kann man ohnehin nie abschätzen, wie das Crystal wirkt, wenn man es nur anschaut. Auch wenn man einmal das wirklich reine Zeug gekauft hatte, dann war die Wirkung bei dem optisch gleichen Stoff am nächsten Tag doch eine andere.

Da kommt noch hinzu, dass jeder Junkie unterschiedliche Vorlieben hat. Die einen stehen auf den Moment, in dem Crystal in einem quasi explodiert, einem so einen unglaublichen Moment der Klarheit beschert – das war auch mein Ding. Andere bevorzugen den Stoff, der genau das nicht auslöst, sondern ein Gefühl verursacht, das ich nur als ein angenehmes Drehen im Kopf beschreiben kann.

Ich habe mir schon Stoff gekauft, der aussah wie der letzte Dreck, aber von der Wirkung her trotzdem gut war. Bei mir war es sogar so, dass der Stoff am meisten wirkte, wenn er dreckig war. Für mich war das beste Crystal das gelbe, trübe, bröckelige, ölige Zeug. Das nicht nur dreckig aussieht, sondern auch richtig nach Ammoniak stinkt. Da weiß man gar nicht, was wirklich drin ist. War mir auch egal, ob das mit Batteriesäure, Farbverdünner oder was auch immer hergestellt wurde – ich wollte nur, dass es wirkte. Es ging ausschließlich um diesen Moment, um das Gefühl. Alles andere war nebensächlich. Da war auch nicht wichtig, dass ich manchmal hinterher Schmerzen am ganzen Körper hatte. Es gab Crystal, danach konntest du tagelang nicht mehr auf die Toilette, bist fast geplatzt und fühltest dich todelend. Trotzdem wusstest du, dass du genau diesen Stoff wieder kaufen wolltest, weil er in deinem Kopf das machte, was du wolltest. Der Körper war dabei uninteressant.

Man sollte vielleicht meinen, dass ein Mensch nach 15 Jahren auf Droge weiß, was er kauft und konsumiert, ich habe das bis zuletzt nicht geschafft. Wie gesagt, stand ich auf dieses gelbe und ölige Zeug, aber auch das hat mich immer mal wieder überrascht und machte etwas mit mir, das ich nicht erwartet hatte. Manchmal wurde auch Crystal verkauft, das irgendwie rötlich und giftig aussah. Davon ließ man am liebsten die Finger und versuchte, sich was Besseres zu besorgen. Aber wenn es nichts anders gab, hat man es trotzdem gekauft und festgestellt, dass es seine Wirkung hatte und keine Probleme machte. Ich habe aber auch wirklich rein aussehendes Crystal genommen, das mich körperlich fertiggemacht hat. Im Grunde ist Crystal-Sucht so etwas wie russisches Roulette, nur dass die Kugel nie wirklich danebengeht. Du verpasst dir immer wieder eine chemische Keule, die den Körper mal weniger und mal mehr zerstört. Alles nur, damit sich in deinem Gehirn für ein paar Stunden etwas bewegt, damit sich die Welt erträglicher anfühlt – bevor sie wieder unerträglich wird und du die nächsten Runden Roulette startest.

DAS GROSSE SCHWEIGEN: WAS NIEMAND SAGEN WILL

Je mehr sich das Problem Crystal als Thema in Deutschland etabliert, desto mehr Menschen gibt es, die über ein umfangreiches Wissen dazu verfügen. Einige von ihnen teilen ihre Informationen, ohne zu zögern, mit. Andere dagegen sind deutlich zurückhaltender. Dies trifft vor allem auf jene Menschen zu, die über noch nicht veröffentlichtes Hintergrundwissen verfügen oder eine fundierte, aber von der allgemeinen Sprachregelung in Sachen Crystal abweichende Meinung vertreten. Diese Menschen sagen zwar, was sie wissen und denken, sie tun das allerdings nur, wenn diese Aussagen keine Rückschlüsse auf ihre Person zulassen.

Während der Recherche zu diesem Buch kamen daher Dinge ans Licht, die offiziell niemand gesagt hat. Doch sie sind für den Gesamtzusammenhang zu bedeutend, als dass sie völlig totgeschwiegen werden dürften. Dabei geht es um den Umgang der Bundesregierung mit dem Problem ebenso wie um eine verborgene Problematik beim Einsatz gegen die tschechischen Vietnamesenmärkte oder auch um die mögliche Zukunft und weitere Ausbreitung des Crystal-Handels.

Ein Thema, über das »niemand« offen sprechen wollte, war die Rolle der Bundesregierung und damit die der offiziellen Drogenbeauftragten. Diesen Posten hatte seit 2009 die FDP-Politikerin Mechthild Dyckmans inne, zur Bundestagswahl 2013 trat die mittlerweile 63-Jährige jedoch nicht mehr an. Mitte des Jahres allerdings hatte Dyckmans noch einmal für Aufmerksamkeit und vor allem für viel Unmut im Kreis der Crystal-Experten gesorgt. Sie hatte sich zur aktuellen Drogenlage im Land zu Wort gemeldet und über Crystal gesagt, dass sie keinen Anlass für umfassende Präventionskampagnen sehe. In westdeutschen Metropolen wie Hamburg oder Frankfurt am Main sei das Thema schließlich noch gar keines: »Es ist kein bundesweites Problem: Und Experten raten uns, nicht sozusagen ein bundesweites Problem herbeizurufen, indem wir bundesweite Aktionen machen.«

Das war grundsätzlich schon einmal eine Missachtung der tatsächlich vorliegenden Erkenntnisse, dass Crystal sich längst weiter im Land ausbreitet. Politiker und Drogenexperten in den schon länger betroffenen Ländern fühlten sich durch diese Aussage zudem ein weiteres Mal mit ihrem Problem allein gelassen, andere schüttelten nur den Kopf angesichts dieser Ignoranz.

»Niemand« sagte später, dass diese Äußerungen nicht allein die Worte einer scheidenden Politikerin gewesen seien, die sich nicht mehr mit solchen Realitäten hatte auseinandersetzen wollen. Vielmehr sei dahinter eine ganz klare Linie zu erkennen: Beim politischen Umgang mit der Drogenthematik spiele die Realität eine untergeordnete Rolle. Wichtiger sei der Politik, dass sie nicht noch ein weiteres Problemthema auf die bundesweite Tagesordnung der Medien setze. Man wolle das Thema so klein halten wie möglich, und zwar so lange wie möglich – gehe es um Crystal, dann sei die Sache klar von ganz oben »gedeckelt«. Sagte natürlich »niemand«.

Dass oberflächliche Wahrnehmung und tatsächliche Realität weit auseinanderklaffen können, dafür ist auch das Thema Vietnamesenmärkte ein Beispiel. Auf den ersten Blick scheint es sich um Aktivitäten mehr oder minder gut organisierter Krimineller zu handeln, die nahe der Grenze auf tschechischer Seite Crystal anbieten. Dies führt zu der Frage, warum diese Märkte existieren – und warum sie immer noch existieren. Mittlerweile ist es mehr als ein halbes Jahrzehnt her, dass die ersten Vietnamesenmärkte entstanden. Seitdem konnten die Beteiligten ihr Geschäft und ihre damit verbundene Professionalität bei Drogenherstellung und -handel verfeinern.

Eine naheliegende Lösung des Problems könnte vielleicht so aussehen: Ermittlungen auf die Märkte konzentrieren, sie schließen und damit dem Geschäft mit dem Crystal einen schweren Schlag versetzen.

Nur geschieht das nicht. Warum das so ist, auch darauf hat »niemand« eine Antwort. Zu dieser Antwort gehört, dass die auf den Märkten ansässigen Händler längst keine Kleinkriminellen mehr sind. Viele drehen das ganz große kriminelle Rad und verdienen kaum vorstellbare Summen mit ihren Aktivitäten. Und diese Leute sind nicht dumm. Sie halten sich in den vielfach ländlichen Regionen nicht fern von der ortsansässigen Gesellschaft auf. Oft besitzen sie bereits die tschechische Staatsbürgerschaft, sind angesehene und wohlhabende Bürger, die ihren Anteil zum Gemeinwohl beitragen. Sie zahlen ihre Steuern und spenden gern auch mal für den Ort. Ihre Kinder gehen in die örtliche Schule, man ist vernetzt und gehört einfach dazu. Die Gemeinden möchten daher nicht mehr auf die wohltätigen und großzügigen Mitglieder verzichten. Also dulden sie die Vietnamesenmärkte nicht nur, sondern fördern sogar deren Verbleib.

Dieser Einfluss reicht womöglich – was selbstredend auch »niemand« sagt – bis in die politischen Zirkel. Nicht nur auf lokaler Ebene, sodass die Betreiber der Märkte oder Marktstände vielfach sehr gut im Bild sind, was die Politik in Hinblick auf den Umgang mit Crystal plant. Ob dieser Einfluss auch bis hinein in die Entscheidungsebenen von Polizei und Zoll in Tschechien reicht, kann bislang nur vermutet werden.

Ein weiterer Punkt, über den aktuell, wenn überhaupt, nur hinter vorgehaltener Hand gesprochen wird, das sind aktuelle Informationen und Vermutungen hinsichtlich der internationalen Crystal-Produktion. Bislang, daran zweifelt kaum jemand, wird der deutsche Markt überwiegend bis ausschließlich aus tschechischen Drogenküchen bedient. Doch die Welt des Drogenhandels ist nun mal ein durch und durch kriminelles Milieu, bei dem es im Endeffekt nur um eines geht: den größtmöglichen Profit ohne Rücksicht auf Verluste.

Die Frage, die offen noch nicht gestellt wird, lautet daher: Drogenhändlerringe und Produktionsstätten gibt es nicht nur in Tschechien – was aber macht die internationale Drogenmafia, wenn sie erkennt, dass ihre bisher so erfolgreichen Produkte in immer stärkerem Maße von Crystal verdrängt werden?

Wenn also Heroin oder Speed nicht mehr die gewohnten Gewinne einbringen, dann kann es als selbstverständlich gelten, dass die Produzenten und Händler ihr Geschäft neu ausrichten und den Crystal-Markt nicht Tschechien allein überlassen.

Was zunächst nur wie ein Gedankenspiel wirkt, wird wesentlich realer, wenn man sich die vielen Tonnen der zuvor nie in Erscheinung getretenen Substanz Apaan vor Augen führt, die auch in Deutschland beschlagnahmt wurden. Wie immer in solchen Fällen stellen die Fahndungserfolge auch hier nur die Spitze des Eisberges dar. Nachdem die Funde öffentlich wurden, versuchten Drogenfahnder herauszubekommen, für wen und zu welchem Zweck die Tonnen des Drogenrohstoffs bestimmt waren. Bald wusste man, dass Apaan sowohl als Basis für Amphetamin als auch für Metamphetamin herhalten kann. Etwas beruhigt war man zunächst, als man zu wissen glaubte, dass es aktuell um die Produktion des weniger wirksamen Amphetamin ging. Doch dann dachte man weiter nach: Warum Tonnen an Rohstoff für zig Millionen Konsumeinheiten einer Droge beschaffen, wenn die Nachfrage nach einer anderen Droge, für die der identische Rohstoff benötigt wird, steigt? Hinzu kam noch die Erkenntnis, dass als Zielland großer Mengen des Apaan die Niederlande herausgefiltert wurden.

Aus diesem Wissen und den daraus resultierenden Schlussfolgerungen entspann sich ein weiterer Gedankengang, über den niemand öffentlich reden mag, weil dessen Ergebnis zwar naheliegend und erschreckend, aber eben noch nicht bewiesen ist.

Die Gewinnspanne bei Crystal ist riesig, die Nachfrage wächst ständig. Es wäre also mehr als wahrscheinlich, dass die Drogenköche in den

Niederlanden fieberhaft daran arbeiten, eine umfangreiche Crystal-Produktion auf die Beine zu stellen. Das wiederum würde bedeuten, dass in naher Zukunft für Interessierte und Abhängige eine weitere sprudelnde Quelle zur Verfügung steht, aus der sie ihren Suchtstoff beziehen können.

Eine andere Schlussfolgerung: Die Niederlande liegen weit entfernt von den bisherigen Crystal-Zentren in Sachsen, Thüringen und Bayern. Stattdessen grenzt das Land an Niedersachsen und Nordrhein-Westfalen mit bekanntermaßen vielen Speed-Usern. Ballungsgebiete in Hessen liegen ebenso in Reichweite wie die norddeutschen Großstädte Bremen und Hamburg mit großen Partyszenen.

Es gehört nicht viel Fantasie dazu, sich auf dieser Basis die künftige Crystal-Situation in Deutschland vorzustellen. Während sich die Droge von der tschechischen Grenze weiter nach Westen ausbreitet, könnten neue Produktionen in den Niederlanden zunächst den bevölkerungsreichen Markt im Westen Deutschlands versorgen und von dort weiter nach Osten und in die Mitte expandieren. Der deutsche Drogenmarkt wäre damit perfekt bedient, zudem könnten niederländische Produzenten auch in anderen Staaten aktiv werden und nahe Nationen wie Belgien oder Frankreich bedienen.

Mara S.: Am Tiefpunkt

Nach zehn Jahren Crystal hatte ich in mir und um mich herum fast alles zerstört, ohne dass ich davon etwas mitbekam. Meine Eltern haben all die Jahre zu mir gehalten, aber auch die wurden immer verzweifelter. Das habe ich sogar registriert, aber ich habe es nicht empfunden, ich hatte kein Gefühl mehr für die Gefühle anderer Menschen. Meine Mutter erzählte mir später, dass ich eines Tages nach Hause kam und sie mir berichtete, dass mein Großvater gerade gestorben war. Ich habe die Nachricht wohl irgendwie aufgenommen, dann aber wie immer lediglich gefragt, ob sie mir etwas Geld leihen könne.

Wenn ich daran denke – das ist so kaputt. Aber genau das ist es, was Crystal mit mir und aus mir gemacht hatte in dieser Zeit. Ich bin daran kaputtgegangen, mein Körper ist daran kaputtgegangen. Das habe ich selbst sogar damals schon bemerkt. Nach außen habe ich nicht gezeigt, wie es in mir aussah, darin war ich schon immer gut. Die meisten Menschen haben mich für cool gehalten. Aber in mir schrie das Gefühl, es schrie nach etwas, nur wusste ich nicht, nach was. Je mehr das Gefühl in dir schreit, desto mehr nimmst du jeden Tag, um es zu betäuben. Immer mehr Gramm, du brauchst es, du kannst überhaupt nicht mehr denken ohne Crystal.

Ich konnte meinen eigenen Verfall beobachten. Beinahe teilnahmslos sah ich zu, wie mir Zähne ausfielen oder wegfaulten, weil sie von Crystal zerfressen waren. Ich verfolgte im Spiegel, wie ich immer weiter abmagerte, wie die Wangen zunehmend einfielen und ich fast täglich zu altern schien.

Es war so, als würde man das Leben eines Menschen im Zeitraffer beobachten. Ein Mensch, der jung ist, der altert – und schließlich stirbt.

Der Tod war durchaus ein Thema für mich. Es fällt wirklich schwer, diesen Widerspruch verständlich zu machen. Es war schrecklich, mir dabei zuzusehen, wie ich langsam Stück für Stück verschwand. Aber das war nicht das Wichtigste in meinem Leben, ich war nicht das Wichtigste in meinem Leben. Nicht einmal mein Leben war das Wichtigste in meinem Leben. Mir ist klar, dass sich das jetzt vollkommen seltsam anhört, aber besser kann ich es nicht beschreiben. Mein Leben musste sich mir unterordnen, und das bedeutete, dass es sich Crystal unterordnen musste. Es gab nichts, was mein Leben machen konnte, um mich von der Droge wegzubringen. Selbst wenn es mir wirklich schrecklich ging, wenn nichts mehr Sinn machte, war da nie der Moment, in dem ich sagen konnte: So, es reicht, jetzt komme ich von der Droge weg. Der eigene Tod hätte mich nicht gehindert.

Es war, als würden in mir zwei Gegner kämpfen. Mein Geist, der sich durch nichts und gar nichts von der Droge abbringen lassen wollte, auf der einen Seite. Mein Körper auf der anderen Seite, der einfach nicht mehr konnte und nur noch aufgeben wollte.

Wenn man so viele Jahre Crystal nimmt wie ich, dann merkt man irgendwann, dass der Körper nicht mehr mitspielen will. Das zeigt dieser bei jedem Menschen auf eine andere Weise. Ich denke, jeder von uns hat eine Stelle des Körpers, die besonders empfindlich ist. Manche haben häufig Kopfschmerzen, bei anderen ist es das Herz oder der Blutdruck.

Bei mir ist es der Magen, mit dem hatte ich von Kindheit an Probleme – das ist wohl meine Schwachstelle. Wenn sich meine Eltern mal gestritten haben, dann hatte ich sofort Magenschmerzen. Probleme in der Schule – Magenschmerzen. Von klein auf war die Wärmflasche mein treuer Begleiter.

Die wirklichen Zusammenhänge zwischen dem, was mir auf dem Tiefpunkt meines Lebens passiert ist, und den Auswirkungen der Crystal-Sucht sind mir erst viel später klar geworden. Mir war ja bewusst, dass der Stoff einen mit der Zeit tötet, aber ich hätte nie gedacht, dass mich ausgerechnet mein Magen fast in den Tod schicken würde. Erst in meinen Therapien habe ich später mehr darüber gelernt, was Crystal in einem macht. Dazu gehören auch die Folgen, die sich zuerst im Gehirn bemerkbar machen: Probleme fühlen sich mit der Zeit immer schwerer an, verstärken sich durch den Einfluss der Droge. Und gerade Probleme sind mir ja schon als Kind immer auf den Magen geschlagen. Hinzu kamen dann noch viele weitere Faktoren. Während der Crystal-Jahre schüttete der Körper immer wieder viel Adrenalin aus, das mir zusätzlich auf den Magen geschlagen ist – das sage ich jetzt einfach mal so, ohne dass ich wirklich die medizinischen Hintergründen kenne. Dazu eben die Probleme, die meinen Magen belastet haben, außerdem habe ich all die Jahre ja nur das Nötigste gegessen, stattdessen immer wieder Chemie in den Körper und damit auch in den Magen gekippt – das konnte einfach nicht ewig gut gehen. Daneben dann noch die immer schlechter werdenden Beziehungen zu den einzigen Menschen, die ich liebte, also meinen Eltern. Das war eine weitere Belastung, die mir im Magen lag. Wenn man dann zwischendurch wieder realisiert hat, dass im Grunde das ganze Leben vor die Hunde geht, machte das die Sache auch nicht gerade besser. Im Endeffekt ist wohl alles zusammengekommen.

Irgendwann war das Magengeschwür dann da. Ich bin damit erst mal so umgegangen, wie ich mit allem umgegangen bin – ich habe es, so gut es ging, ignoriert. Das fühlte sich einfach an wie die gewohnten Magenschmerzen, nur um einiges heftiger. Also habe ich mir eine Wärmflasche auf den Bauch gedrückt, habe weiter nichts gegessen, weiter meine Drogen genommen und weiter Probleme gewälzt. Das hatte ja vorher auch immer funktioniert. Für mich war klar: Wenn ich Magenschmerzen habe, dann werden die irgendwann auch wieder weggehen. Doch dieses Mal klappte das nicht. Die Schmerzen wurden schlimmer, ich lag nur noch im Bett, mochte mich kaum bewegen. Nach einer Weile, ein paar Tagen oder vielleicht auch Wochen, wurde es dann so schlimm, dass ich es einfach nicht mehr ausgehalten habe. Bis zu diesem Tag hatte es nichts gegeben, was mich in eine Arztpraxis hätte bringen können. Aber nun blieb mir einfach nichts anderes übrig. Diese Schmerzen mussten aufhören, keinen Tag länger wollte ich das aushalten müssen. Der Arzt hat mir dann auch gleich die ganze Wahrheit um die Ohren geknallt. Ich hatte nicht nur ein Magengeschwür, sondern unter anderem auch eine schwer entzündete Bauchspeicheldrüse und eine kaputte Galle. Jeder kann sich vorstellen, dass das für mich eine ziemlich heftige Diagnose war, und eigentlich hätte ich spätestens an diesem Punkt meines Lebens etwas unternehmen müssen. Aber das war nur die Vorstufe, die letzte Warnung vor dem, was noch kommen sollte.

Nach dem Arztbesuch habe ich eine Zeit lang Medikamente genommen. Tatsächlich ist es dadurch besser geworden – sicher auch, weil ich in dieser Zeit manchmal eine Woche lang keine Drogen genommen habe. Aber ich war schon zu sehr Junkie, als dass es dabei geblieben wäre. Nach einer Weile schien das Schlimmste vorüber, die Beschwerden und Schmerzen ließen immer weiter nach. Ich habe dann nicht etwa überlegt, was ich tun müsste, um diesen Zustand aufrechtzuerhalten – für mich war das allein der Anlass festzustellen, dass es mir gut genug ging, um mein normales Leben wieder aufzunehmen. Also habe ich mich nicht weiter mit Gedanken an Bauchspeicheldrüse, Magengeschwür oder Galle aufgehalten. Ich bin raus aus dem Bett und habe mir wieder Crystal besorgt. Das führte natürlich erneut dazu, dass ich tagelang ohne Schlaf wach blieb, und gegessen habe ich auch so gut wie nichts.

Das ging eine Weile gut, aber nicht wirklich lange. Bald legte das Geschwür wieder los, Magenschmerzen haben meinen Alltag bestimmt, ich sah immer schlechter aus. Zum Arzt bin ich diesmal nicht gegangen, die eine Diagnose hatte mir gereicht, noch mehr wollte ich nicht hören. Bekämpft habe ich die Schmerzen auf meine Weise, so wie ich es seit meiner Kindheit tat – mit Tee und Wärmflasche. Auf die Droge wollte ich natürlich nicht verzichten, die linderte zwar nicht die Magenschmerzen, aber sie drehte die Sache in meinem Kopf so, dass ich die Schmerzen nicht mehr ganz so stark empfand.

Dann aber kam der Tag, als gar nichts mehr half. Schon am frühen Morgen tat mir alles so weh, dass ich es kaum ertragen konnte. Ich konnte nicht liegen, ich konnte nicht stehen, ich konnte nicht sitzen – alles tat unglaublich weh. Nicht einmal Crystal wirkte und lenkte mich davon ab. Da habe ich die Betäubungsdosis dann erhöht, indem ich Alkohol getrunken habe. Nach einigen Stunden war ich so verzweifelt, dass ich sogar noch etwas gegessen habe. All die Jahre hatte ich kaum Verlangen nach Nahrung, aber ausgerechnet an diesem Tag kam ich auf die seltsame Idee, dass Essen die Schmerzen lindern würde. Funktionierte natürlich nicht. Es ging mir absolut mies und es wurde immer schlimmer. Da habe ich mir die Wärmflasche noch einmal warm gemacht, mich hingelegt und gehofft, dass ich vielleicht einschlafen würde und am nächsten Tag alles vorbei wäre.

Aber ich schlief nicht ein. Wie ich so dalag, habe ich plötzlich gespürt, dass etwas passierte in mir. Mir war sofort klar, dass es mein Magen war – ich wusste, dass er geplatzt war. Ich wusste das, ohne dass ich irgendwelche Ahnung von Medizin hatte, ich glaube, so etwas merkt man einfach, weil es lebensbedrohlich ist und man sofort etwas unternehmen muss. Doch ich tat nichts, ich lag einfach so da.

VON WEGEN REGIONAL: EINE ERSTE BUNDESWEITE STUDIE

Das Thema Crystal in Deutschland steckt voller Widersprüche: Die einen warnen vor der Ausbreitung, die anderen spielen das Problem als regionales Phänomen herunter. Und manchmal entpuppt sich gerade das Herunterspielen als Farce, wenn man nur etwas tiefer gräbt.

Das ist auch vor dem Hintergrund interessant, dass eben speziell die Drogenbeauftragte des Bundes noch Mitte des Jahres 2013 von der auf Sachsen und Bayern beschränkten Problematik sprach und davor warnte, ihr durch nationale Präventionskampagnen mehr Aufmerksamkeit zukommen zu lassen.

Geradezu entlarvend wirkt dabei eine Tatsache aus dem März 2013. Damals wurde eine Bekanntmachung des Bundesministeriums für Gesundheit veröffentlicht, die unter anderem auch auf der Internetpräsenz der Drogenbeauftragten zu finden war. Diese Bekanntmachung vom 15. März 2013 war eine Ausschreibung zur Durchführung einer mit öffentlichen Geldern finanzierten bundesweiten Studie mit dem Titel »Missbrauch von Amphetaminen in Deutschland. Studie zur Motivation und den Konsumgewohnheiten von missbräuchlich Amphetaminkonsumierenden«. Das machte auf den ersten Blick den Eindruck, als ginge es tatsächlich nur um Amphetamin und damit Speed, nicht um Methamphetamin und Crystal. Doch verborgen im Ausschreibungstext, fand sich eine sehr interessante Ergänzung: »Ein Schwerpunkt soll darüber hinaus auf die Gruppe der Konsumierenden von Methamphetamin (›Crystal‹) gelegt werden.« Während also öffentlich noch das Problem heruntergespielt wurde, gab man eine Studie in Auftrag, die bundesweit mehr über die Crystal-Nutzer und ihre Gewohnheiten herausfinden sollte – und stellte dafür wenigstens 50.000 Euro aus der Staatskasse bereit. Ganz untätig blieb das Ministerium also nicht.

Entwickelt und durchgeführt wird die erste in Deutschland öffentlich geförderte Studie zum Thema Amphetamin und Crystal vom Zentrum für Interdisziplinäre Suchtforschung (ZIS) der Universität Hamburg. Hier wurde auf wissenschaftlicher Basis ein elektronischer Fragebogen entwickelt, mit dessen Hilfe man mehr über Konsumenten der Drogen in Deutschland erfahren will. Zu diesem Zweck haben die Forscher sich intensiv mit der Zielgruppe beschäftigt, die Inhalte und Fragen an sie angepasst.

»Die Befragung ist so aufgebaut, dass sie auch schwierige Konsumentengruppen erreichen soll. Wir haben daher versucht, sehr psychologisch anmutende Fragen herauszunehmen, es im Sinne der Befragten zu vereinfachen«, sagt der Medizinethnologe Sascha Milin vom ZIS.

Insgesamt hat man bei der Ausarbeitung der Studie auf eine Sprache gesetzt, die der meist jungen Klientel angepasst ist. Verzichtet wurde daher auch auf betont wissenschaftliche Formulierungen, die vielleicht zu einer ablehnenden Haltung führen könnten. Gefragt wird stattdessen in klaren und verständlichen Sätzen. »Wir wollen nicht, dass man die Frage dreimal lesen muss, bis man sie versteht.«

Das Gleiche gilt für die möglichen Antworten. Wenn zum Beispiel gefragt wird, warum eine Droge überhaupt genommen wird, dann stehen auch Antworten zur Verfügung, die keine zusätzlichen Fragen aufwerfen wie »Mir gefällt die Wirkung« oder auch »Mich reizt es, etwas Gefährliches zu tun«, »um beim Sport leistungsfähiger zu sein« oder das Leben mithilfe der Droge besser ertragen zu können. Spaß am Sex und eine eventuelle Steigerung der sexuellen Leistung sind andere Antwortmöglichkeiten.

Die Vielzahl der möglichen Antworten weist auf ein weiteres Ziel der Forscher hin. Sie wollen nicht einfach nur grobe Anhaltspunkte erhalten, sondern möglichst detaillierte Einblicke gewinnen. Wird nach der oft angesprochenen gesteigerten Leistungsfähigkeit durch die Droge gefragt, dann geht es auch hier nicht um ein simples Ja oder Nein, sondern um eine Erklärung der tatsächlichen Hintergründe – also ob der Konsument sich vielleicht mehr Erfolg bei einer anstehenden Prüfung versprach oder ob er womöglich seine alltägliche Arbeit besser bewältigen wollte.

Zur Durchführung ihrer Studie warten die Forscher nicht darauf, dass Freiwillige zu ihnen kommen – vielmehr gehen sie selbst dorthin, wo sie ihre Zielgruppe finden. Daher stehen auch persönliche Befragungen in den auf Suchttherapie spezialisierten Einrichtungen und Beratungsstellen für Drogenabhängige auf dem Programm. »Wir schicken Leute mit Tablett-PCs in die Beratungseinrichtungen und auch in klinische Einrichtungen, in denen Abhängige behandelt werden.«

Im Umfeld von Partyveranstaltungen oder Techno-Festivals werden ebenfalls Befragungen durchgeführt. Dahinter steckt das Bestreben zu klären, wie sehr Speed und Crystal wirklich Partydrogen sind.

Die gestellten Fragen umfassen insgesamt eine breite Palette von Bereichen. Zunächst geht es um allgemeine Angaben wie das Alter und das persönliche Umfeld, etwa ob der oder die Befragte in einer Partnerschaft lebt. Gefragt wird im weitergehenden Teil aber auch, wie es zum ersten Konsum der Droge kam, ob es dafür einen speziellen Anlass gab. Die Erwartungen sind ebenfalls ein Thema: Was hat sich der Konsument hinsichtlich der Wirkung der Droge erhofft, was wusste oder dachte er über die Gefahren?

Ein weiteres Element sind die Konsummuster. Dabei wird auch nach den von vielen Crystal-Usern berichteten langen Wachphasen gefragt, also wie lange die Konsumenten tatsächlich ohne Schlaf auf den Beinen waren – und wie häufig solche Phasen vorkamen. »Wir erwarten nicht, dass die Befragten wirklich die Tage durchzählen, es geht vor allem darum, einen Eindruck zu bekommen. Uns ist bewusst, dass bei diesem Thema auch gerne mal von den Konsumenten übertrieben wird.« Man wolle mit diesen Informationen keine Statistiken aufstellen, sondern herausfinden, ob es tatsächlich jene Konsumentengruppen gibt, für die es Alltag ist, jenseits normaler Tag-Nacht-Rhythmen zu leben.

Zum Bereich Konsum zählt auch die Frage, welche Unterschiede es in diesem Zusammenhang gibt, wie sehr und wie schnell Crystal tatsächlich in die Abhängigkeit führt – und ob manche Menschen vielleicht über längere Zeiträume ihren Konsum kontrollieren können und mit kleinen Dosen in zeitlich größeren Abständen dauerhaft auskommen.

Ebenfalls herausfinden wollen die Forscher, wie viele der Crystal- und Amphetamin-Konsumenten nur auf die eine Droge setzen und wie viele Crystal ebenso wie zusätzlich Cannabis und andere Drogen zu sich nehmen.

Ein wichtiges Ziel der Studie ist zudem die Ermittlung der Nutzergruppen abseits der typischen Drogenszene – gerade vor diesem Hintergrund nutzt man die Möglichkeit der Internetforen. Die Forscher nehmen Kontakt zu Forenbetreibern auf, deren Austauschplattformen überwiegend auf begrenzte und klar zugeschnittene Zielgruppen ausgerichtet sind – wie etwa junge Mütter. Die Forenbetreiber wiederum stellen den Fragebogen dann online und erleichtern den Usern so die anonyme Beantwortung.

Der Grund: Man möchte wissen, ob sich aus den USA bekannte und in Hinblick auf den Drogengebrauch eher ungewöhnliche Gruppen auch in Deutschland finden und in welcher Größenordnung. Dazu zählt etwa die Frau, die Crystal zum Abnehmen nutzt, oder die schon erwähnte junge Mutter, die mit der aufputschenden Wirkung des Methamphetamins ihren Alltag besser zu bewältigen hofft und abends noch die Kraft zum Feiern und Ausgehen haben will. Weitere mögliche Zielgruppen sind Berufstätige oder auch junge Männer, die ihre Sucht nach nächtelangem Onlinespielen am Computer oder der Playstation eventuell mit stimulierenden Drogen unterstützen.

Doch die Forscher wollen nicht einfach nur Antworten auf vorformulierte Frage erhalten, sie möchten mehr wissen. »Wir wollen die Leute nicht wie Patienten abfragen, wir wollen, dass sie mitmachen und das Gefühl haben, sie werden gehört, können etwas beitragen«, erläutert Sascha Milin. Daher beinhaltet die Umfrage zahlreiche Abschnitte, die der Forscher als »qualitative Elemente« bezeichnet. Die Teilnehmer können hier generelle Kommentare zu den Drogen und ihrer persönlichen Geschichte abgeben. Dafür wurden gezielt leere Textfelder eingebaut, in denen die Befragten ihre Erlebnisse ausführlich in eigenen Worten beschreiben sollen. Zusätzlich besteht auch die Möglichkeit, Erfahrungen mündlich zu schildern. Zu diesem Zweck hat man das Prinzip des typischen Online-Fragebogens um eine innovative Facette erweitert: Die Befragten finden auf einer Seite die Abbildung eines digitalen Aufnahmegeräts, die aber weit mehr als nur eine Abbildung ist. Das Gerät funktioniert nämlich tatsächlich: Durch das Anklicken des Einschaltknopfes wird eine Aufnahmefunktion in Gang gesetzt, die bis zu 40 Sekunden einer mündlichen Erzählung festhält. Die zeitliche Beschränkung rührt vor allem daher, dass die Aufnahmen am Ende auch auswertbar sein müssen – was schwierig würde, wenn Hunderte Nutzer so lange erzählen könnten, wie sie wollten.

Ist die Befragung abgeschlossen, wollen die Forscher auf der Basis der Ergebnisse weitere Maßnahmen entwickeln, mit denen einer Ausbreitung des Crystal-Problems begegnet werden kann. Das können Medienkampagnen sein oder auch direkte Maßnahmen im Umfeld der Risikogruppen. Bei Drucklegung dieses Buches waren die Arbeiten an der Studie noch in vollem Gange, die Ergebnisse sollen im Laufe des Jahres 2014 veröffentlicht werden.

Mara S.: Exorzismus

Als ich mit meinem geplatzten Magen auf der Matratze lag, war ich einfach unfähig, irgendetwas zu tun. Das war so eine Art Schockzustand. Ich wusste durchaus, was los war, wollte es aber nicht wahrhaben. Wenn ich mich daran erinnere, dann ist das so, als würde ich einen Film in Zeitlupe anschauen. Ich sehe mich, wie ich einfach dalag und meinen Bauch beobachtete, der dicker und dicker wurde. Ich zappelte irgendwie, konnte mich aber gleichzeitig gar nicht bewegen. Der Körper verkrampfte sich, der Schweiß lief mir herunter, die Haare waren klatschnass – es war ungefähr so wie in dem Film *Der Exorzist*. Irgendwann habe ich mich dann doch noch aus dem Bett quälen können, weil ich Hilfe holen wollte. Aber als ich gerade auf den Beinen war, habe ich es mir anders überlegt und mich wieder zurück auf die Matratze fallen lassen, weil ich mir trotz der höllischen Schmerzen und des geschwollenen Bauches einredete, es werde wieder besser gehen. Irgendwann würden die Schmerzen aufhören – so wie es ja bisher immer wieder besser geworden war. Aber diesmal geschah das nicht. Es wurde noch schlimmer. Ich schrie, ich zuckte und schwitzte. Das waren Schmerzen, die ich keinem Menschen auf dieser Erde wünsche, selbst meinem schlimmsten Feind nicht.

Zum Glück hatte ein Mitbewohner die ganze Szene beobachtet. Zuerst war der natürlich auch geschockt. Außerdem war er wie immer auf Crystal und dadurch erst einmal unfähig, etwas zu tun. Schließlich hat er es dann aber dermaßen mit der Angst zu tun bekommen, dass er in einem Moment der Klarheit tatsächlich den Rettungswagen gerufen hat. Zum Glück hatte er die Nummer vom Rettungsdienst nicht vergessen, ich bin mir nicht sicher, ob ich die noch gewusst hätte.

An die Stunden danach habe ich kaum eine Erinnerung, ich muss wohl bewusstlos geworden sein. Was ich darüber weiß, hat man mir später erzählt. Ich bin gerade noch rechtzeitig im Krankenhaus angekommen; hätte ich noch länger gewartet beziehungsweise hätte mein Mitbewohner nicht zum Telefon gegriffen, dann wäre ich heute wohl nicht mehr hier. Die Ärzte haben sofort eine Notoperation durchgeführt und mich gerettet, danach bin ich auf die Intensivstation gekommen.

Natürlich war denen klar, dass etwas mit mir ganz und gar nicht stimmte. Einen Magendurchbruch bekommt man in dem Alter nicht einfach so, außerdem sahen die ja meinen ganzen Körper und erkannten dabei auch, was die Droge schon mit mir gemacht hatte. Die waren ja auch nicht von gestern.

Im Krankenhaus wurde ich zudem befragt und musste denen wegen der Medikamente, die ich bekommen sollte, auch von meiner Drogensucht berichten. Während ich dort war, habe ich selbstverständlich keine Drogen genommen. Anfangs war ich dafür ohnehin zu schwach, außerdem waren da ja die ganzen Medikamente, die den Schmerz betäubten und mich irgendwie auch ruhigstellten. Als es mir dann langsam besser ging, kam wieder das Verlangen nach Crystal, der Wunsch, die Realität damit erneut etwas ausblenden zu können. Dass ich im Krankenhaus war, gefiel mir ja nicht wirklich. Klar, war es schön, dass die meinen Bauch wieder in Ordnung gebracht hatten. Aber zwischen diesen anderen Menschen zu liegen, immer nur von Krankheit umgeben zu sein, das war nichts für mich – ich wollte da so schnell wie möglich raus.

Als der Tag der Entlassung gekommen war, konnte ich es kaum noch erwarten. Ich ging durch die Tür und konnte endlich wieder Luft atmen, die nicht nach Desinfektionsmitteln stank. Auf dem Bauch hatte ich noch das dicke Pflaster über der Operationswunde, aber daran habe ich gar nicht mehr gedacht. Auch nicht daran, dass die Droge an allem schuld war. Ich bin einfach losgelaufen, bin dahin gegangen, wo ich mir Crystal kaufen konnte. Ich kann nicht einmal sagen, dass ich das wirklich gewollt hätte. Das war im Kopf so gespeichert, war gar nicht bewusst. Es war die Gewohnheit – ich muss, ich will. Ich konnte mir einfach nicht vorstellen, das nicht zu tun, das gehörte für mich dazu, war ein Teil meines normalen Lebens. Heute weiß ich natürlich, dass die Droge genau das mit dem Gehirn macht, dass es die Sucht da irgendwie fest verankert.

Allerdings ging es nach dem Krankenhaus nicht so normal weiter, wie ich mir das vielleicht gewünscht hätte. Irgendwo tief in mir hatte der Magendurchbruch ein weiteres Gefühl von Angst hinterlassen, das ich zunächst, so gut es ging, zu unterdrücken versuchte. Die Ärzte hatten ja viel mit mir gesprochen, hatten mir erklärt, wie knapp ich am Tod vorbeigeschlittert war. Dazu kam noch, dass meine Eltern nun noch entsetzter waren als all die Jahre zuvor ohnehin schon. Die redeten dauernd auf mich ein, dass ich endlich von der Sucht loskommen müsse. Zusammen mit meiner neu hinzugekommenen Angst hat das dann schließlich dazu geführt, dass ich tatsächlich zugestimmt habe, meine erste Entgiftung zu machen.

Trotzdem war die Droge am Ende stärker. Ich habe die Entgiftung zwar mitgemacht, aber während ich vom Crystal loskommen sollte, habe ich gleichzeitig Crystal genommen, um die Entgiftung zu überstehen. Das klingt verrückt, und das weiß ich. Aber so ist es eben, wenn man ein Junkie ist. Man macht verrückte und auch vollkommen dumme Sachen, weil einem die Droge das aufzwingt. Ich fand das damals tatsächlich vollkommen normal, dass ich Crystal nahm, um mir die Zeit der Entgiftung leichter zu machen.

Dennoch war der Magendurchbruch vermutlich meine Rettung. Ich war zwar weiterhin süchtig und nahm Crystal wie all die Jahre vorher. Aber ganz langsam, in winzigen Schritten, wurde mir immer stärker auch die andere Seite bewusst. Ich begriff Stück für Stück, was die Droge mit mir angestellt hatte, auch wenn ich sie weiter liebte. Dass die Droge einen äußerlich zerstört, das hatte ich ja schon lange beobachtet. An mir und auch an all den anderen, die immer weiter verfielen. Der Typ, der neulich noch gut ausgesehen hatte, war plötzlich ein zahnloser alter Mann. Die Blonde, auf deren Aussehen ich immer neidisch gewesen war, hatte dicke Pickel und offene Stellen in ihrer blassen Haut.

Und was Crystal mit den Teilen des Körpers anstellt, die man nicht sieht, das wusste ich jetzt ja auch sehr genau. Das hatte mein Magen mir sehr deutlich vorgeführt. Aber die Droge machte ja noch viel mehr mit einem. Sie zerstört nicht nur die Haut, die Zähne, die Organe, sie zertrümmert in einem auch die Bereiche, die nicht aus Fleisch und Blut bestehen. Crystal macht die guten Eigenschaften kaputt und verdirbt den Charakter.

Bis ich das erkannte, war es allerdings ein langer Prozess, der, wie gesagt, in kleinen Schritten erfolgte. Mal war es ein Moment, in dem ich mich schämte, wenn ich wieder irgendwo etwas klaute. Mal tat es mir leid, wenn ich bei einem unserer Einbrüche einen anderen vorschickte, weil mir die Sache zu gefährlich war. Das waren im Grunde immer nur kleine Geistesblitze, Bruchteile von Sekunden, in denen ich überlegte, ob das noch ich war. Eine Person, der es egal war, was es für andere bedeutete, wenn ich ihr Eigentum stahl, die bedenkenlos einen Freund in Gefahr brachte. Es war lange her, dass ich über so etwas überhaupt nachgedacht hatte.

Ich habe mich dann gefragt, wer ich eigentlich bin, und ich fand es schrecklich, dass ich keine Antwort darauf wusste. Mir wurde nur ganz langsam bewusst, dass Crystal mich einfach leer gemacht hatte. Es hatte mich regelrecht ausgehöhlt. So sehr, dass ich nicht mehr wusste, wer ich war. Wenn man aber nicht weiß, wer man ist, dann kann man auch nicht an sich selbst glauben, kann nicht sagen, ich kann dies und das, ich will etwas Bestimmtes erreichen.

Und wenn man sich selbst nicht kennt, wie soll man dann an andere Menschen glauben? Ich merkte, dass ich keinerlei Überzeugungen hatte, nicht wusste, welche Meinung ich zu Dingen hatte. Ich war ein Junkie, ich war kriminell – was sagte das über mich aus? Ich wusste es nicht. Und was bedeutete es, dass es mir vollkommen egal war, wenn jemand einem anderen etwas stahl? Konnte ich so jemandem vertrauen oder würde er auch mir irgendwann etwas wegnehmen? Ich hatte keine Ahnung, was ich davon hielt.

Das alles führte dazu, dass ich absolut niemandem mehr vertraute, weil ich ahnte, dass die anderen auch so leer und rücksichtslos geworden waren. Der einzige Mensch, dem ich noch Vertrauen entgegenbrachte, das war meine Mutter. Ich vertraute ihr, sie vertraute mir – das war ein gutes Gefühl. Was allerdings nichts daran änderte, dass ich ihr Vertrauen immer wieder missbrauchte. Wenn ich ihr von meinen Gedanken erzählte, sagte sie natürlich, dass nun doch wirklich der Zeitpunkt gekommen sei, an dem ich etwas ändern müsse. In dem Moment war mir vollkommen klar, dass sie recht hatte, dass es so einfach nicht weitergehen konnte. Sobald ich aber wieder in der Wohnung war, allein mit meinen Gedanken zwischen all den anderen Junkies, wollte ich vor allem die dunklen Gedanken bekämpfen, mich von der anstrengenden Realität, den Warnungen und Forderungen meiner Mutter befreien. Auf die einzige Weise, die ich kannte und beherrschte: mit Crystal.

DU SCHAFFST DAS: DIE BEHANDLUNG VON CRYSTAL-ABHÄNGIGEN

Den Begriff »ländlich« muss jemand an einem Ort wie Vitense-Parber erfunden haben. Das Dorf im Nordwesten Mecklenburg-Vorpommerns duckt sich inmitten von Hügeln voller Weizenfelder und wirkt auf den ersten Blick, als sei die Zeit hier vor Jahrzehnten oder vielleicht sogar einem Jahrhundert stehen geblieben. Eine Handvoll historischer Wohnhäuser verteilt sich um einen runden Dorfanger, manche fast so alt wie Vitense-Parber selbst. Seit 800 Jahren existiert die Gemeinde am Ufer des Flusses Radegast, gerade einmal 300 Einwohner leben hier ein Leben, das von Landwirtschaft geprägt ist. So wie schon immer.

Doch der erste Eindruck trügt. Während der Ortskern in einer Zeitschleife gefangen scheint, hat sich im ehemaligen Gutshaus von Vitense am Ortsrand einiges getan. Dort ist die Gegenwart längst eingezogen. Statt um die Ernte oder das Bestellen der Felder geht es auf dem Areal nun um drängende Problem unserer Zeit: Die AHG Klinik Mecklenburg betreibt hier ein Therapiezentrum, das Alkohol- und Drogenabhängige von ihrer Sucht befreien möchte. Verstärkt widmet man sich dort der ständig steigenden Zahl der Crystal-Süchtigen, die mittlerweile ein Drittel der Patienten ausmachen.

Wohl jeder Mensch, der erstmals das Gelände einer Klinik betritt, in der vor allem Drogenabhängige behandelt werden, hat eine vage Vorstellung davon, was ihn dort erwartet. Kaum eine dieser Vorstellungen dürfte jedoch dem entsprechen, was beim Besuch der Klinik in Vitense die Realität ist. Auf einem großen Hof inmitten der sechs Gebäude stehen Menschen plaudernd beieinander, vom Spielplatz klingt das Lachen von Kindern herüber. Männer und Frauen jeden Alters genießen die Sonne. Wer auch immer das Gelände betritt, wird freundlich und mit einem Lächeln begrüßt. Es ist unmöglich, das Klinikgelände zu durchqueren, ohne mindestens ein Dutzend Mal auf ein »Guten Tag!« oder »Kann ich Ihnen helfen?« zu antworten. Wüsste man es nicht anders, es könnte sich auch um eine Ferienanlage handeln.

Die Freundlichkeit ist nicht zufällig, sie ist auch nicht zur Schau gestellt – vielmehr erlaubt sie einen ersten Blick darauf, wie umfassend die Therapie einer Drogensucht ist. Die Ärzte und Therapeuten hier agieren schließlich nicht in einem luftleeren Raum, sie wissen sehr genau, welche Begleitumstände häufig bei einer Drogensucht zum Tragen kommen – und in welcher Art von Umfeld sich viele Patienten über Jahre bewegt haben. Einem, in dem Höflichkeit oder Rücksicht nur wenig Bedeutung hatten.

Die Freundlichkeit der Patienten ist daher ein frühes Ergebnis der Therapie. Das Personal tritt den Menschen freundlich gegenüber, vermittelt auf diese Weise aber auch, dass man das Gleiche von ihnen erwartet. Gegenseitiger Respekt ist eine weitere Facette des Miteinanders: Egal, wie jung ein Patient ist, egal, wie er zuvor gelebt hat und welchen Umgang er pflegte – in der Klinik ist das Sie die alleinige Anrede. Kein Arzt oder Therapeut duzt hier einen Patienten oder lässt sich duzen.

»Daneben gibt es einen Verhaltenskatalog, der den Patienten vermittelt, wie sie sich in der Klinik verhalten sollten, um das Zusammenleben zu erleichtern«, erklärt Chefarzt Willem Hamdorf. Der Suchtmediziner und Psychiater ist sich durchaus bewusst, mit welchen Erwartungen Besucher eine Suchtklinik betreten, und weist daher darauf hin, dass nicht jeder Patient so verroht ist, dass er nur durch den Kodex der Klinik zu entsprechendem Verhalten zu bringen ist. »Die Vorstellung einer Drogenklinik führt natürlich auch zu einer gewissen Scheu. Aber viele Patienten sind von sich aus sehr freundlich, sehr zuverlässig. Es ist hier ja auch keine Knastatmosphäre, obwohl viele Patienten schon mal in Haft waren.«

Die freundliche und ungezwungene Atmosphäre ist jedoch kein Indiz dafür, dass die Patienten in der Klinik eine lockere Zeit verleben.

Vielmehr ist das Gegenteil der Fall. Schließlich haben sie hier nun erstmals wieder eine lange Zeit zu überstehen, ohne sich mit Suchtstoffen ablenken zu können. Dazu müssen sie sich ihren Problemen stellen, den physischen und den psychischen.

In Vitense geht es nicht um Tage oder Wochen der Therapie, sondern um Monate. »Der Aufenthalt dauert hier bei einer Drogentherapie ein halbes Jahr, das ist die längste Zeit im gesamten Hilfssystem«, erklärt Hamdorf.

Die sonst üblichen Reha-Maßnahmen – etwa bei Herzproblemen – erstrecken sich über drei oder vier Wochen. Handelt es sich um psychosomatische Probleme, sind vielleicht auch mal sechs Wochen veranschlagt. Innerhalb des Suchthilfesystems sind die Zeiten jedoch deutlich länger – im Alkoholbereich zum Beispiel zwölf bis 15 Wochen für eine Langzeittherapie. Besonders lang sind sie jedoch, wenn es um eine Drogensucht geht. Nach einer ersten körperlichen Entwöhnung, die etwa zwei Wochen umfasst, folgt die meist sechs Monate andauernde psychische Entwöhnung in einer spezialisierten Klinik wie eben in Vitense. Hier sollen die Patienten lernen, wie sie auch ohne die Flucht in Betäubungsmittel ihr Leben meistern können. »Wir haben ein halbes Jahr, weil sich gezeigt hat, dass viele auch mit psychischen Begleiterkrankungen kommen.«

Gerade bei den Crystal-Abhängigen haben Hamdorf und sein Team erfahren müssen, dass die körperlichen Folgen des Konsums während des halbjährigen Aufenthaltes ebenfalls noch ein Problem sind. Viele Patienten kommen abgemagert in der Klinik an, auch der oft als typisch erklärte Meth-Mund ist ein Thema: »Es ist tatsächlich so, dass viele Patienten mit Anfang 20 ungewöhnlich schlechte Zähne haben. Allerdings ist das nicht zu vergleichen mit den Horrorbildern, die im Internet als Vorher-nachher-Vergleich kursieren«, so Willem Hamdorf. »Aber wir haben trotzdem darauf reagiert. Wir schicken mittlerweile alle Patienten, die Crystal genommen haben, als Erstes zum Zahnarzt.

Einfach, um mal zu gucken – schließlich haben viele Drogenabhängige keine Routinetermine beim Arzt wahrgenommen, haben außerdem die Pflege vernachlässigt. Wenn sie mal Zahnschmerzen hatten, haben sie Crystal genommen, weil das auch dagegen hilft.«

Doch das ist nur ein Punkt des umfassenden Programms, das neuen Patienten bevorsteht. Die Zahnkontrolle ist Bestandteil des gründlichen Gesundheitschecks, der die Aufnahme in die Klinik begleitet. »Dazu zählt außerdem all das, was man aus einer Arztpraxis kennt«, erklärt Hamdorf. »Wir messen das Körpergewicht, nehmen Blut ab, gucken, wie die Leberwerte sind. Und wir schicken die Patienten eben auch zu anderen Kollegen, um zu schauen, was es noch an körperlichen Erkrankungen gibt.«

Dazu kommt eine ausführliche Suchtanamnese, also eine Erfassung der Suchtgeschichte. Diese umfasst Alkohol, alle illegalen Drogen und auch pathologisches Glücksspiel. »Eventelle Essstörungen und mögliche weitere psychische Erkrankungen sind ebenso ein Thema.«

An dieser Stelle treten die Patienten dann bereits in Kontakt mit ihren Therapeuten, die sie während der kommenden Monate besonders intensiv begleiten werden. Diese Psychologen untersuchen weiter, in welcher psychischen Verfassung sich der Patient befindet, ob er etwa depressiv ist, welchen emotionalen Belastungen er ausgesetzt ist oder ob er vielleicht auch traumatisiert ist. Je nach Patient kommen eventuell noch weitergehende Tests hinzu, etwa des Gedächtnisses.

Zusätzlich versucht man, einen möglichst umfassenden Einblick in die gesamte Lebensgeschichte zu bekommen. »Das Wissen über den sozialen Hintergrund, den beruflichen und schulischen Werdegang. All das ist wichtig, damit man weiß, auf welchem Niveau man der jeweiligen Person gegenübertreten kann«, berichtet Bezugstherapeut Maik Jablonowsky, der in der Klinik in Vitense hauptsächlich mit Crystal-Abhängigen arbeitet. »Aus all diesen Punkten ergeben sich schließlich die Behandlungsziele für den individuellen Patienten.« Auf Basis der

Erkenntnisse wird dann ein Wochenplan erstellt, der das jeweilige Therapieprogramm festhält.

Zu diesem Zeitpunkt haben die Patienten bereits ihre Unterkunft bezogen. Anders als in herkömmlichen Krankenhäusern leben sie hier in einem von fünf über das Grundstück verteilten Patientenhäusern in Einzel- oder Doppelzimmern. Die Entscheidung, wer sich einen Raum mit einem anderen teilen muss und wer nicht, wird dabei nach unterschiedlichen individuellen Voraussetzungen gefällt. Manfred Kindor, ebenfalls Therapeut in Vitense, erklärt, dass es mal daran liegen kann, dass ein Patient einfach zu laut schnarcht und deswegen in ein Einzelzimmer einquartiert wird. Andere wiederum sind eventuell aufgrund ihrer Persönlichkeit noch nicht bereit oder fähig für das Zusammenleben mit einer weiteren Person in einem Raum.

Die Fähigkeit des Zusammenlebens mit anderen und das Entdecken der Gemeinschaft sind grundlegende Motive hinter der Idee der Patientenhäuser. »Es gehört zu der Therapie, dass wir das soziale Verhalten vermitteln. Viele Patienten haben unter extremen Bedingungen gelebt. Soziale Kontakte beschränkten sich auf den Kauf und Konsum von Crystal, auf das Behaupten in der Szene und das Ausleben der Sucht. Andere soziale Kontakte und Verhaltensweisen sind vernachlässigt worden«, fasst Kindor die Situation zusammen, aus der viele Patienten in die Klinik kommen. »Bei Crystal-Abhängigen stehen alle anderen Interessen hintenan, das geht bis hin zur Nahrungsaufnahme. Das führt manchmal dann auch zu einer gewissen Verrohung. Dass es anders geht, das sollen die Patienten im Lebensalltag hier ebenfalls wieder lernen.«

Der Aufbau und die Ausstattung der Patientenhäuser sind daher gezielt so gewählt, dass der Alltag darin den Charakter einer Wohngemeinschaft hat. Das soll die sozialen Kompetenzen der Bewohner fördern, ihnen unter anderem die Möglichkeiten der Konfliktlösung auf friedliche Art vermitteln. Zudem bietet die Gemeinschaft Einzelnen auch Unterstützung bei der Bewältigung persönlicher Krisensituationen, in denen sie vorher in der Regel auf sich allein gestellt waren. »Wir führen auch ein gezieltes Training der sozialen Kompetenz durch. Dabei wird etwa in Form von Rollenspielen geübt, wie man selbst in Konfliktsituationen angemessen seine Bedürfnisse ausdrückt, ohne dabei Grenzen zu überschreiten«, berichtet Maik Jablonowsky.

Ein anderer Vorteil des Zusammenlebens ist das Wiederheranführen an Pflichten und Verantwortungsbewusstsein im Alltag. So legt die Hausgemeinschaft fest, wer welche Aufgaben übernimmt und wer wofür Verantwortung trägt. Außerdem kann hier niemand darauf vertrauen, dass täglich eine Putzkolonne hinter ihm aufräumt: Für die Sauberkeit der Zimmer und der Gemeinschaftsräume sind allein die Bewohner zuständig.

Die eigentliche Therapie findet dann in Einzelgesprächen ebenso wie in Form einer Gruppen- beziehungsweise Bezugsgruppentherapie statt. Mehrmals in der Woche treffen sich alle Bewohner eines Hauses mit ihrem Therapeuten. In diesen Gruppensitzungen geht es unter anderem darum, dass die Patienten eine tiefere Einsicht in ihre Lebens- und auch die individuelle Problemgeschichte bekommen. Dass sie also verstehen, wie Dinge zusammenhängen und wie eventuell eines zum anderen geführt hat. Ebenfalls ein Thema ist die Droge an sich – damit die Patienten begreifen, was das Crystal in ihnen gemacht hat, wie es zur Sucht führte.

Die ehemaligen Abhängigen erfahren, wie die Substanz funktioniert, welche Mechanismen ineinandergreifen, sodass der Wunsch und das Verlangen nach dem Rausch oft über Jahre anhält. Gleichzeitig wird besprochen, was das berauschende Gift in der Zwischenzeit mit dem Körper angestellt hat, was dies für die Therapie bedeutet und wie die Patienten mit den Folgen leben können. Ein weiterer Aspekt ist das gemeinsame Gespräch über eventuelle Rückfallgefahren und den Umgang mit Auslösern des sogenannten Suchtdrucks.

Oft ist für die Crystal-Patienten nicht nur die Konfrontation mit den angesprochenen Themen an sich ein Problem. Vielmehr beginnen die Schwierigkeiten schon bei grundlegenderen Anforderungen: etwa damit, dass sie nun plötzlich wieder mit dem Einhalten fester Termine für ihre Therapiegespräche umgehen müssen und sich dann über einen für sie ungewohnt langen Zeitraum auf ein Thema oder ein Gespräch konzentrieren sollen.

»Viele Patienten sind nicht nur körperlich sehr ausgezehrt und abgemagert. Viele haben auch Nachwirkungen wie extreme Konzentrationsprobleme. Das ganze System muss sich erst wieder regenerieren«, sagt Therapeut Manfred Kindor. Sein Kollege Maik Jablonowsky ergänzt: »Interessant dabei ist, dass man das im persönlichen Kontakt oft gar nicht merkt. Denn verbal sind diese Patienten nicht auffällig. Das registriert man erst dann, wenn man etwa Erinnerungen fordert – dann ergeben sich Gedächtnis- und Konzentrationsprobleme. Da merkt man dann oft im Nachhinein: Also, irgendwas war da doch falsch. Man kann es nicht gleich greifen, weil sie es verbal doch noch bis zu einem gewissen Grad ausgleichen können. Deswegen ist eben längere Beobachtung wichtig, um solche Probleme überhaupt erst feststellen zu können.«

Ohnehin stellt die Therapie die behandelnden Ärzte immer wieder vor neue und sehr unterschiedliche Aufgaben. So sind Patienten häufig infolge des langen Drogenkonsums auch emotional sehr eingeschränkt, manche beschreiben sich sogar selbst als gefühlskalt. Für einige Patienten ist diese Emotionslosigkeit eine unbewusste Möglichkeit, mit den durchaus empfundenen schweren Belastungen und Problemen besser fertig zu werden.

»Aber die Erklärung ist nicht immer einfach«, so Chefarzt Willem Hamdorf. »Ein weiterer Hintergrund ist sicher, dass viele Patienten auch kriminell geworden sind und bei dieser Beschaffungskriminalität Dinge getan haben, die sie in nüchternem Zustand sicher nie getan hätten. Viele Patienten bekommen erst während der Therapie eine gewisse Emotionalität zurück.«

Insgesamt treffen in einer Therapieklinik wie in Vitense ständig Menschen mit unterschiedlichen und sehr individuellen Vorgeschichten ein, auf die sich die Therapeuten jeweils einstellen müssen. Weil zwar die Droge ein und dieselbe ist, das Individuum jedoch nicht, setzt man auf viele Bausteine im Rahmen der Therapie, die eine Anpassung des Programms an die persönlichen Umstände der Patienten erlauben. Ein Entspannungstraining zählt daher ebenso wie eine Ernährungsberatung oder ein Programm zur Raucherentwöhnung zum Klinikangebot. Ein weiterer Baustein ist eine Sporttherapie, die gleich mehrere Aufgaben erfüllt. Grundsätzlich dient sie dazu, dass die oft ausgezehrten Patienten ihren Körper wieder trainieren und zu Kräften kommen. Zusätzlich stärken sportliche Aktivitäten in einer Gruppe auch den Gemeinschaftssinn. Und nicht zuletzt bekommen die Menschen von ihrem eigenen Körper eine Rückmeldung, zu welchen oft vergessenen Leistungen sie imstande sind. Dass sie dafür eventuell Anerkennung von ihren Mitspielern und Mitpatienten erhalten, ist ein weiterer durchaus willkommener Nebeneffekt, der das häufig geringe Selbstvertrauen nach jahrelanger Drogensucht steigert.

Etwas ungewöhnlich in diesem Zusammenhang mag das Angebot einer Reittherapie wirken. Doch gerade der Umgang mit den Pferden fügt sich gleich auf mehrfache Art und Weise in das Gesamtkonzept der Therapie ein. Das Reiten an sich ist dabei eher eine Nebensache. Vielmehr spricht der Umgang mit den Tieren den Menschen auf vielen Ebenen an. Dazu gehört unter anderem die emotionale Ebene, die nicht zuletzt im Zusammenhang mit der schon erwähnten Gefühlskälte mancher Crystal-Nutzer wichtig ist. Die Patienten spüren hier wieder Nähe zu einem Lebewesen. Außerdem erfordert der Umgang mit dem Tier eine gewisse Rücksichtnahme, und wenn es um Pflege und Versorgung der Pferde geht, dann ist auch das Verantwortungsbewusstsein gefragt.

Daneben hat man sich in Vitense auch auf weitere Realitäten der aktuellen Drogenkultur eingestellt. Etwa dass die Sucht nicht immer nur einen Menschen, sondern manchmal eben auch zusammenlebende Paare betrifft. Oder dass Süchtige Eltern kleiner Kinder sind. Daher zählen Paartherapien ebenfalls zum Programm, bei denen es neben der grundsätzlichen Behandlung der Suchtproblematik auch um die Stärkung oder den Wiederaufbau der gegenseitigen Kommunikation und das Verstehen des Partners geht. Ein weiteres Ziel einer solchen Therapie besteht darin, den Paaren zu vermitteln, wie sie gemeinsam die Rückfallrisiken besser meistern können.

Im Rahmen der Eltern-Kind-Behandlung reisen erwachsene Patienten mit ihrem Kind an, wohnen während des Aufenthaltes in der Klinik auch gemeinsam in einem Zimmer. Ist Mutter oder Vater tagsüber im Rahmen der Therapie eingebunden, werden die Kinder im klinikeigenen Kindergarten betreut. Schulpflichtiger Nachwuchs besucht die Schule in der benachbarten Stadt Rhena.

Doch es geht bei der Rehabilitation nicht nur um Auswege aus der Sucht und den Umgang mit den aktuellen physischen und psychischen Problemen. Ein wesentlicher Aspekt ist außerdem der Blick in die Zukunft.

»Ziel des Aufenthaltes ist einerseits sicher, dass man mit der Suchterkrankung an sich abschließt. Dazu kommt jedoch, dass die Patienten im Anschluss wieder im Leben klarkommen sollen, insbesondere in der Arbeitswelt. Weil viele aber wenig Erfahrungen mit Arbeit überhaupt haben, bieten wir Möglichkeiten, die Grundarbeitsfähigkeiten zu erlernen. Wenn wir davon reden, dass die Patienten grundsätzliche Arbeitsfähigkeiten erwerben, dann zählt dazu auch, pünktlich und verlässlich zu sein, der Umgang mit Kollegen und natürlich, die Arbeit nicht gleich hinzuwerfen, wenn mal etwas nicht klappt. Um das zu vermitteln, machen wir diese Arbeitstherapie.

Es gibt bei uns eine Holzwerkstatt, in der Gegenstände aus Holz hergestellt werden, es gibt Gartenarbeit – damit wollen wir auch den

Tagesablauf der Patienten zusätzlich strukturieren«, betont Chefarzt Willem Hamdorf. »Die Arbeitstherapie ist außerdem ein weiterer Aspekt und ein zusätzlicher Grund, weswegen der Aufenthalt ein halbes Jahr dauert.«

Die Holzwerkstatt der Klinik ist professionell eingerichtet und wird von erfahrenen Mitarbeitern geleitet. Bei der Beschäftigung dort lernen die Patienten aber nicht nur den Arbeitsalltag wieder oder erstmals kennen. Sie erleben oft auch zum ersten Mal, dass sie selbst etwas Sinnvolles schaffen können, das zudem dauerhaft Bestand hat und wirklich eingesetzt wird. Denn was sie dort herstellen, wird meist noch von Generationen von Patienten oder Mitarbeitern genutzt. Wie etwa ein überdachter Fahrradständer für das Klinikgelände, dessen Fertigstellung mit einem regelrechten Richtfest gefeiert wurde.

Was diese Arbeitstherapie jedoch nicht bietet, ist ein Berufspraktikum oder gar eine Lehre. Es geht lediglich um die grundsätzliche Vorbereitung auf einen Einstieg in die Arbeitswelt. Die weiteren Schritte zurück in den Alltag folgen nach dem Verlassen der Klinik. Denn es ist nicht so, dass mit der Langzeittherapie die Arbeit der Patienten an sich selbst und ihre Rückkehr in die Gesellschaft schon abgeschlossen waren. Die Wiedereingliederung therapierter Drogenabhängiger geschieht in weiteren Etappen in anderen Einrichtungen wie etwa betreuten Wohngruppen. Im Klartext bedeutet das: Wer das halbe Jahr in der Klinik hinter sich hat, der fällt nicht sofort wieder in ein tiefes Loch, sondern hat eine Perspektive und weiß, was die nahe Zukunft ihm bringt. Diese Zukunftsplanung ist daher ein wichtiger Punkt der Therapie, die den nahtlosen Übergang im Anschluss vorbereitet.

Für die Therapeuten ist die Konsequenz aus dem täglichen Umgang mit den Crystal-Patienten, dass sie nicht nur genau wissen, welche Probleme die Droge verursacht, was sie aus den Menschen macht und wie die

Sucht zu behandeln ist. Sie sind auch diejenigen, die direkt wie kaum ein anderer miterleben, wie sich das Problem Crystal entwickelt.

Als man in Vitense-Parber vor einigen Jahren mit der Behandlung von Crystal-Patienten begann, kamen die Hilfesuchenden noch fast ausnahmslos aus den Grenzregionen zu Tschechien. Das änderte sich im Laufe der Zeit zusehends, das Einzugsgebiet der Droge weitete sich aus.

»Inzwischen ist ganz Sachsen betroffen, in den letzten zwei Jahren haben wir auch mehr Patienten aus Bayern, Brandenburg, aus Thüringen – also, wir beobachten schon eine gewisse Ausbreitung«, berichtet Chefarzt Willem Hamdorf. Er weist außerdem darauf hin, dass das Problem nicht mehr nur ein rein deutsches ist. Einige Regionen Österreichs, die an Tschechien grenzen, kämpfen ebenfalls mit der Droge. Wohin und wie weit sich das Problem Crystal in Zukunft ausbreitet, das könne derzeit noch niemand sagen.

Für die Klinik heißt dies, dass man in Zukunft sicher nicht weniger Patienten helfen muss, sondern eher mehr. Und es bedeutet, dass man noch oft die Szenen erleben kann, die sich am Ende des halbjährigen Aufenthaltes abspielen. Schließlich haben viele Patienten in den sechs Monaten ihren Willen zu und den Spaß an einem Leben ohne den Einfluss chemischer Substanzen wiederentdeckt. Und sie haben nach langer Zeit wieder Kontakte zu Menschen aufgebaut, persönliche Beziehungen und Freundschaften sind entstanden. Etwas, das mancher nicht mehr missen möchte und das das Abschiednehmen nicht eben leichter macht. »Es gibt schon ergreifende Abschiedsszenen«, sagt Manfred Kindor.

Mancher Abschied fällt auch den Therapeuten und Ärzten schwer. Aber er ist ihnen immer noch lieber als ein Wiedersehen. Denn ein Wiedersehen mit einem ehemaligen Patienten, das bedeutet für die Klinik, dass diese Person rückfällig geworden ist und nun erneut eine Langzeittherapie antritt. Was allerdings die Ausnahme darstellt. Der überwiegende Teil der Patienten verlässt die Klinik für immer.

Mara S.: Eine ungewisse Zukunft

Was mir heute am meisten Probleme macht und mir den größten Schmerz zufügt, ist das Wissen, dass das Einzige, das mir im Leben Spaß bereitet hat, mich mit Sicherheit umbringt, wenn ich nichts ändere. Dieses Bewusstsein, dass die Droge mich verarscht, mir die Möglichkeit verweigert hat, überhaupt zu merken, dass es mir eigentlich schon lange richtig dreckig ging.

Crystal macht einsam, Crystal macht leer. Alles, was ich dann habe, ist Crystal. Ich habe kein Selbstwertgefühl mehr durch Crystal, brauche es aber, um aus dem Kreislauf auszubrechen und mein Leben wieder in den Griff zu bekommen.

Nun muss ich gegen den immer vorhandenen Wunsch nach der Droge ankämpfen, während mir gleichzeitig klar wird, dass ich jegliches Selbstbewusstsein verloren habe. Mich plagen Ängste und Selbstzweifel. Ich weiß, dass so etwas für die meisten Menschen normal ist – nur haben diese Menschen im Laufe ihres Lebens gelernt, damit umzugehen, das auszuhalten. Ich muss das erst noch lernen und habe keine Ahnung, wie ich das machen soll. Das alles überfordert mich immer noch.

Natürlich weiß ich, dass es reine Feigheit ist, Drogen zu nehmen. Junkies wie ich sind Feiglinge. Weil sie sich ihrem Leben nicht stellen und lieber mithilfe irgendwelcher Substanzen in eine Scheinwelt ausreißen. Weil sie einfach nur Schiss vor dem normalen Leben haben. Ich fange allmählich an, die ganz normalen Menschen zu bewundern, die ich so lange nur verachtet habe. Die sind alle viel tapferer, die gehen immer wieder die Probleme ihres Alltags an.

Ich habe jetzt das Gefühl, dass mir die Zeit davonläuft. Ich habe so viel zu lernen. Was zum Beispiel ist Freundschaft? Echte Freundschaft gibt es in meinem Leben nicht, hat es nie gegeben. Vielleicht existierte sie vor langer Zeit einmal, aber ich kann mich nicht daran erinnern. Wie schon gesagt: Freunde waren die, bei denen ich unterkam und Crystal nehmen konnte. Ich habe keine Ahnung, wie sich wirkliche Freundschaft anfühlt.

Wenn ich während meiner Therapie so darüber nachdenke, über all diese Dinge, dann merke ich, was mir vor allem aus der Zeit mit Crystal fehlt. Diese Leichtigkeit, mal wieder sorgenfrei zu sein, Antrieb zu verspüren. Gleichzeitig ist mir bewusst, wie paradox das nun wieder klingt, weil ich ja früher nie den Antrieb hatte, wirklich etwas zu tun. Ich bin doch auch nur vor meinen wirklichen Sorgen und Ängsten geflohen. Ein Außenstehender kann all das vermutlich gar nicht verstehen, diese ständigen Widersprüche in meinen Aussagen.

Dazu kommt, dass ich mich einsam und allein gelassen fühle. Es gab auch andere, die gesagt haben, dass sie den Absprung schaffen wollten, doch keiner ist mit mir den Weg gegangen. Das war eigentlich mein einziger und erster Ansporn, dass ich den Entzug und die Therapie in einer Gemeinschaft angehe, weil ich mich dann besser fühle.

Jetzt arbeite ich mich in eine Einsamkeit hinein. Hier, in der Therapie, sind noch andere Menschen, mit denen ich reden kann.

Vielleicht. Das Gefühl zu haben, es geht nicht nur mir schlecht, sondern auch anderen, das würde mich irgendwie trösten.

Aber im Moment stehe ich ja ohnehin noch ganz am Anfang, ich muss mich erst einmal selbst testen. Wie lange halte ich eine Tätigkeit überhaupt durch, was kann ich noch leisten? Wie aufnahmefähig bin ich über längere Zeit? Das übe ich hier in der Therapie – acht Stunden überhaupt durchzuhalten. Außerdem versuche ich herauszufinden, was meine Interessen sind. Ich möchte das in der Theorie lernen und anschließend in die Praxis umsetzen. Einfach den ganzen Tag durchhalten, Aufträge entgegennehmen – dass das überhaupt meine Nerven aushalten. Dass ich diese Aufmerksamkeit den ganzen Tag habe.

2010 habe ich auf Anraten meiner Eltern meine erste Langzeittherapie gemacht, war in der Klinik - und habe wieder angefangen, sobald ich in meine Heimatstadt zurückkam. Immer wenn ich wieder zurück nach Hause komme, werde ich rückfällig. Das steht für mich heute außer Frage - entweder ich wechsele die Umgebung, oder ich werde immer wieder rückfällig werden. Das ist jetzt meine dritte Therapie und die erste überhaupt, in der ich entschieden habe, nicht mehr zurückzugehen. Das war jetzt mehr als ein Jahrzehnt mit Drogen, das kann ich nicht vergessen. Ich weiß nicht, ob es die persönliche Umgebung oder die Stadt selbst ist, die mich immer wieder zurück zur Droge bringt.

Alles, was mir bleibt, sind dieser Weg in das Unbekannte und die Einsamkeit. Ich hoffe, dass ich diesen Weg bewältige. Dass ich es schaffe, irgendwie. Alles, was ich dafür brauche und was ich machen muss, ist in mir selbst vorhanden. Das ist mir bewusst. Ich habe es nur noch nicht gefunden.

Ich musste wohl erst so tief abstürzen, damit ich überhaupt einen Sinn darin sehe, mein Leben neu zu gestalten. Es musste erst alles so kaputt sein, dass ich nichts mehr habe, dass die Droge mir keinen Spaß mehr macht, damit ich einen Antrieb spüre, mein Leben neu anzufangen. Jetzt muss ich lernen, wie ich es beginne und wie ich so ein Leben dann leben soll. Ich weiß, dass ich es schaffen kann - ich weiß nur nicht, ob ich es schaffe. Ich fange bei null wieder an. Nein, ich fange sogar bei minus an.

SCHLUSSBEMERKUNG

Die Vereinten Nationen warnten schon 2011 mit ihrem Bericht *Global ATS Assessment* die Industriestaaten: Sie wiesen darin deutlich auf die Unterschätzung der Gefahren der Amphetamin-Type-Stimulants (ATS) wie Speed und Crystal in der Öffentlichkeit hin.

Betrachtet man die darin aufgeführten Daten der »erstauffälligen Konsumenten« für Deutschland, so wird deutlich, dass schon seit 2003 bundesweit ein Trend zum klassischen Speed (d-Amphetamin) und Methamphetamin (Crystal-Meth) eigentlich unübersehbar war.

Deutschland: Zahl der Drogenkonsumenten, die im Zeitraum von 2000 bis 2009 erstmals polizeilich auffällig wurden

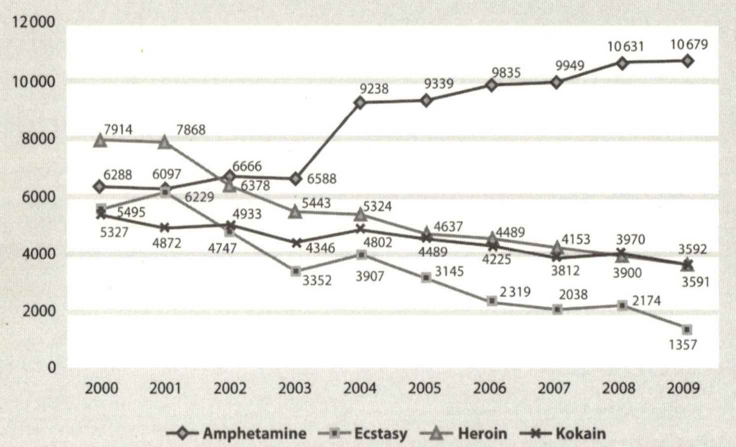

Quelle: United Nations Office on Drugs and Crime, »Amphetamines and Ecstasy – 2011 Global ATS Assessment«, August 2011; Grafik von National Reports (2001–2009) to the EMCDDA by the Reitox National Focal Point Germany

Auch die NPS (Novel psychoactive Substances), die in den Medien als Legal Highs, Designerdrogen, Research Chemicals bezeichnet werden, sind die sichtbar werdenden Folgen eines weltweit seit Mitte der 90er-

Jahre zunehmenden Angebots- und Nachfragewandels hin zu stimulierenden Substanzen wie Meth. Falls die Drogenkartelle auch in den Niederlanden und Belgien die Produktion des klassischen Speeds auf Methamphetamin in seiner kristallinen Form, das Crystal Meth, umstellen, werden viele noch leidlich kontrolliert konsumierende Speed-User im Westen der Republik weiter »abstürzen« und Behandlungsangebote benötigen. Gut dokumentiert sind in diesem Zusammenhang etwa die Erfahrungen aus Australien, die belegen, dass es bei einem solchen Angebotswandel zu zunehmenden Psychosen und Gewalttätigkeiten kommt.

Aber nicht nur der geringe Preis des Crystal Meth auf der Angebotsseite beeinflusst eine steigende Nachfrage. Dazu kommt noch das Image aller »amphetaminartigen Substanzen« als das Selbstbewusstsein steigernde, die Leistungsfähigkeit erhöhende und dazu auch noch »geil« machende Drogen – und zwar weltweit. Die Droge ist attraktiv, in den ersten Jahren des Konsums erscheint auch ein längst abhängiger Konsument noch attraktiv, weil dynamisch und »peppig«. Ein schüchterner und pubertierender 16-Jähriger wird auf Meth genauso zum »Star« auf der Party mutieren, wie das zurückhaltende Mauerblümchen in der Disco zum Sexidol aufblüht, weil es selbstbewusst auftritt und sich begehrenswert fühlt.

Wenn allerdings irgendwann die Gesichter aufgekratzt sind oder Wahnvorstellungen die Opfer quälen, werden sie sich zurückziehen und für die anderen User unsichtbar werden. Die fröhliche Masse der Feiernden vergisst dann schnell die Konsumopfer, die abhängig und psychotisch geworden sind.

So wie die Alkoholabhängigen von begeisterten Teilnehmern an Massenbesäufnissen gerne diffamiert werden als willensschwache Individuen oder von Fachleuten als »komorbid Erkrankte« stigmatisiert werden, also ohnehin nicht ganz gesunde Menschen, so kann man dann selbst ohne Ängste seinem eigenen unreflektierten Konsum weiter frönen. Und so gefährlich Crystal auch ist: Man muss sagen dürfen, dass auch der Fingerzeig auf die Drogenabhängigen den Blick auf die Volksdroge Nummer eins verschleiert, den Alkohol.

Mara S. steht beispielhaft für die Realität in der Crystal-Drogenszene und ihre Geschichte richtet sich gegen das Schweigen, das Verharmlosen.

Was aus Mara werden wird? Wirklich vorhersagen kann das zu diesem Zeitpunkt niemand. Studien aus Deutschland zum Erfolg unserer Therapien fehlen noch. Forschungsergebnisse aus den USA sind jedoch erfreulich und entsprechen den eigenen klinischen Erfahrungen.

Kognitive Störungen und die bekannte Emotionslosigkeit der User bilden sich mit der Zeit zurück. Das ist die gute Nachricht. Die schlechte: Diese Erholung braucht Zeit, über ein Jahr, wie die US-amerikanischen Untersuchungen gezeigt haben. Eine Langzeittherapie, also eine Entwöhnungsbehandlung, dauert allerdings nur sechs Monate. Eine sogenannte Adaption und Nachsorge ist daher jedem chronischen User unbedingt zu empfehlen. Denn der noch lange unzureichende Antrieb, die Freudlosigkeit, die Störungen der Gefühlsregulation belasten abstinente User sehr. Sie wollten ursprünglich ja mehr Spaß haben und, subjektiv gesehen, auch mehr leisten. Dies ist durchaus ihr »Ich-Ideal«, sie identifizieren sich mit den Werten unserer Leistungsgesellschaft. Und immer ist da die Erinnerung an eine Substanz, die sofort – und zunächst auch sicher – dazu verhelfen konnte, so ein »Machertyp« zu sein: Crystal Meth.

Hoffen wir, dass es Mara besser ergeht als Christiane F., dem »Kind vom Bahnhof Zoo«. Deren mittlerweile 50-jähriges Leben war immer wieder von Rückfällen gekennzeichnet.

Und sie hatte wenigstens Substitution, konnte auf breite Unterstützung und Hilfe vertrauen. Womit wir wieder bei all dem sind, was in der Zukunft in Deutschland noch zu tun ist.

Finanzierung von Therapiestudien für Crystal-Meth-User? Bisher Fehlanzeige. Epidemiologische Untersuchungen seit der Warnung der UNO im Jahr 2011, wie weit das Problem schon fortgeschritten ist? Fehlanzeige. Studien zur Homologa-Behandlung (Amphetaminsubstitution) wie bei der Opiatersatzstoff-Behandlung (Methadonsubstitution) wären wünschenswert in Großstädten. Finanzierung? Bisher ist das für keine Pharmafirma spannend.

Eine in der Öffentlichkeit geführte Debatte um die Gefährlichkeit von Substanzen nützt dem potenziellen User nichts, wenn es dabei in Wirklichkeit bloß darum geht, wohin die zu knappen Fördermittel fließen. Für ihn ist diese Frage irrelevant, er oder sie wird eine Entscheidung aus dem Bauch treffen, und diese wird vom Image der Substanz abhängig sein. Und das Image von Crystal Meth ist leider nicht schlecht. Die für die Redaktionen der Medien kostenfrei erhältlichen, regelmäßig genutzten und daher »abgelutschten« Bilder aus den USA – die vielfach veröffentlichten »Faces of Meth« – erscheinen Usern und deren Freunden oftmals übertrieben. Stammen sie doch aus einem Gesundheits- und Sozialsystem, in dem man als Abhängiger nicht die ausgefallenen Zähne kostenfrei ersetzt bekommt, wie es bei uns der Fall ist. Die wiederholte Nutzung der Bilder in den Medien wird dann dem Staat und den Präventionsbemühten als »Übertreibung« angelastet – dabei ist der ständige Rückgriff auf die Motive in erster Linie Ausdruck des Spartriebes in den Redaktionen. Viel bessere Bilder und vor allem Videoclips wie *What Does Meth Do to Your Brain?* oder *Will Meth Change Who I Am?* des »Meth, not even once«-Projektes, die für User verifizierbar sind, tauchen nicht auf.

Eines muss aber trotzdem gesagt werden: Die Bilder der Faces of Meth sind nicht erfunden oder übertrieben, das beweisen auch Dokumentationen über Crystal-abhängige Stars wie Eddie Van Halen.

Aber Schluss mit dem Gejammer. Auch in den anderen vom Meth-Problem betroffenen Ländern hat es Jahre gedauert, bis das Ausmaß der Bedrohung wirklich begriffen wurde. Wir haben das Glück, dass wir von den Erfahrungen dieser anderen Länder profitieren können.

Mit der größer werdenden Gewissheit einer weiteren Ausbreitung finden bereits jetzt in den mittlerweile besonders betroffenen Regionen Schulungen aller im Versorgungssystem involvierten Profis statt. Auch die gesellschaftliche Auseinandersetzung wird differenzierter. Hoffen wir, dass verstanden wird, dass kristallines Methamphetamin mit seiner hohen Reinheit und dem zwangsläufig überdosierten nasalen Konsum nicht vergleichbar ist mit der oralen Einnahme von Ecstasy-Tabletten. Und hoffen wir, den Maras von morgen so eine Drogenkarriere ersparen zu können.

Hoffen wir weiter, dass »niemand« sich irrt, der meint, dass Brot und Spiele die Massen ruhig halten, und der darauf verweist, dass Aldous Huxley als Drogenkenner schon in *Brave New World* Bedenkliches prophezeit hat: »Ein wirklich leistungsfähiger totalitärer Staat wäre ein Staat, in dem die allmächtige Exekutive politischer Machthaber und ihre Armeen von Managern eine Bevölkerung von Zwangsarbeitern beherrscht, die zu gar nichts gezwungen werden brauchen, weil sie ihre Sklaverei lieben ...«

Oder wie Huxley in einem Vorwort zur Neuauflage von *Brave New World* 1946 ergänzte: »... was Wissenschaftler und Politiker ›das Problem des Glücks‹ nennen werden ... Ohne wirtschaftliche Sicherheit kann die Liebe zur Sklaverei unmöglich entstehen ... Je mehr sich politische und wirtschaftliche Freiheit verringern, desto mehr pflegt die sexuelle Freiheit sich kompensatorisch auszuweiten ... In Verbindung mit der Freiheit des Tagträumens unter dem Einfluss von Rauschmitteln, Filmen und Rundfunk wird die sexuelle Freiheit dazu beitragen, seine Untertanen mit der Sklaverei, die ihr Los ist, auszusöhnen.«

INFORMATIONS- UND BERATUNGSSTELLEN

Wer nach Beratung oder Hilfe bei einem Suchtproblem sucht, findet in Deutschland eine Vielzahl von Ansprechpartnern und Adressen. Meist reicht es aus, einen Ortsnamen gemeinsam mit einem Begriff wie »Suchtberatung« oder »Drogenhilfe« zu googeln.

Auch Selbsthilfegruppen wie Narcotics Anonymous NA oder die Anonymen Alkoholiker sowie andere eher für Alkoholabhängige gegründete Selbsthilfegruppen nehmen Crystal-Konsumenten auf und sind über die Suchmaschinen zu finden.

Suchberatungsstellen beraten und behandeln anonym und ohne Krankenkassenkarte, stehen also auch Privatversicherten offen. Seit 2013 können ärztliche und psychologische Psychotherapeuten Abhängige mit dem Ziel der Abstinenz behandeln, sofern dieses Ziel innerhalb von zehn Sitzungen erreichbar erscheint.

Suchtberatungsstellen können darüber hinaus auch Angehörige kompetent beraten und bieten häufig zusätzlich Angehörigen-Selbsthilfegruppen Räumlichkeiten an. Es gibt im Internet verschiedenste Übersichtsseiten mit Suchfunktionen.

Die folgende Liste mit den Landesstellen aller deutschen Bundesländer hat die Deutsche Hauptstelle für Suchtfragen (DHS) zusammengestellt. Auf der DHS-Homepage www.dhs.de finden sich weitere Möglichkeiten für die Suche nach Einrichtungen zur Suchtbekämpfung.

Brandenburgische Landesstelle für Suchtfragen e.V.
14467 Potsdam
Behlertstr. 3a, Haus H1
Tel.: +49 331 581380-0
Fax: +49 331 581380-25
info@blsev.de
www.blsev.de

Bremische Landesstelle für Suchtfragen (BreLs) e.V., c/o Caritasverband Bremen e.V.
28195 Bremen
Kolpingstr. 7
Tel.: +49 421 200743-8
Fax: +49 421 200743-1

Hamburgische Landesstelle für Suchtfragen e.V.
20097 Hamburg
Repsoldstr. 4
Tel.: +49 40 2849918-0
Fax: +49 40 2849918-19
hls@sucht-hamburg.de
www.sucht-hamburg.de

Hessische Landesstelle für Suchtfragen e.V. (HLS)
60325 Frankfurt a. M.
Zimmerweg 10
Tel.: +49 69 71376777
Fax: +49 69 71376778
hls@hls-online.org
www.hls-online.org

Koordinierungsstelle der bayerischen Suchthilfe
80336 München
Lessingstr. 1
Tel.: +49 89 536515
Fax: +49 89 5439303
info@kbs-bayern.de
www.kbs-bayern.de

Landesstelle Berlin für Suchtfragen e.V.
10585 Berlin
Gierkezeile 39
Tel.: +49 30 3438916-0
Fax: +49 30 34389162
buero@landesstelle-berlin.de
www.landesstelle-berlin.de

Landesstelle für Suchtfragen der Liga der Freien Wohlfahrtspflege in Baden-Württemberg e.V.
70173 Stuttgart
Stauffenbergstr. 3
Tel.: +49 711 61967-31
Fax: +49 711 61967-68
info@suchtfragen.de
www.suchtfragen.de

Landesstelle für Suchtfragen im Land Sachsen-Anhalt
39112 Magdeburg
Halberstädter Str. 98
Tel.: +49 391 5433818
Fax: +49 391 5620256
info@ls-suchtfragen-lsa.de
www.ls-suchtfragen-lsa.de

Landesstelle für Suchtfragen Mecklenburg-Vorpommern e.V.
19055 Schwerin
August-Bebel-Str. 3
Tel.: +49 385 712953
Fax: +49 385 7589195
info@lsmv.de
www.lsmv.de

Landesstelle für Suchtfragen Rheinland-Pfalz
67346 Speyer
Karmeliterstr. 20
Tel.: +49 6232 664-254
Fax: +49 6232 664-130
www.sucht-rlp.de

Landesstelle für Suchtfragen Schleswig-Holstein e.V.
24119 Kronshagen
Schreberweg 5
Tel.: +49 431 5403-340
Fax: +49 431 5403-355
sucht@lssh.de
www.lssh.de

Landesstelle Sucht NRW
50679 Köln
Hermann-Pünder-Str. 1
Tel.: +49 221 809-7794
Fax: +49 221 809-6657
d.muecken@landesstellesucht-nrw.de
www.landesstellesucht-nrw.de

Niedersächsische Landesstelle für Suchtfragen e.V.
30177 Hannover
Podbielskistr. 162
Tel.: +49 511 626266-0
Fax: +49 511 626266-22
info@nls-online.de
www.nls-online.de

Saarländische Landesstelle für Suchtfragen e.V., c/o Caritasverband Schaumberg-Blies e.V.
66538 Neunkirchen
Hüttenbergstr. 42
Tel.: +49 6821 9209-13
Fax: +49 6821 9209-44
www.landesstelle-sucht-saarland.de

Sächsische Landesstelle gegen die Suchtgefahren e.V.
01099 Dresden
Glacisstr. 26
Tel.: +49 351 8045506
Fax: +49 351 8045506
info@slsev.de
www.slsev.de

Thüringer Landesstelle für Suchtfragen e.V.
99096 Erfurt
Arnstädter Str. 50
Tel.: +49 361 7464585
Fax: +49 361 7464587
info@tls-suchtfragen.de
www.tls-suchtfragen.de

WEITERE WICHTIGE INTERNETRESSOURCEN

Allgemeine Informationen

www.drugcom.de
http://legal-high-inhaltsstoffe.de/home

Selbsthilfe (unvollständig)

http://www.narcotics-anonymous.de/
http://www.anonyme-alkoholiker.de/
http://www.blaues-kreuz.de/
http://www.freundeskreise-sucht.de/
http://www.selbsthilfe-navigator.de/
http://www.drogensoforthilfe.de/
http://www.beranet.de/extern/start/index.php?&id=614 (Therapie sofort)
http://www.indro-online.de

Angehörige

http://www.bvek.org/ (Bundesverband der Eltern)
http://www.nacoa.de/ (Kinder aus Suchtfamilien)
http://www.drogensoforthilfe.de/ (Hilfe sofort)
http://www.akzeptierende-eltern.de/

Fachverbände Sucht

http://www.sucht.de/
http://www.suchthilfe.de/
http://www.bas-muenchen.de/
http://www.dgsuchtmedizin.de/
http://www.suchtmittel.de/

Weltweit

EU: http://www.addictionsinfo.eu/
UNO: Global ATS-Assessment 2011, UN document ID number: N/A, Sales No.: E.11.XI.13 .ISBN: 978-92-1-055038-3
http://www.unodc.org/unodc/en/scientists/ats-global-assessment-2011.html
UNODC-SMART: http://www.unodc.org/unodc/en/scientists/smart.html

QUELLEN

STAND 1. OKTOBER 2013

1. http://drogenbeauftragte.de/fileadmin/dateien-dba/Service/Publikationen/Drogen_und_Suchtbericht_2009_Drogenbeauftragte.pdf
2. http://drogenbeauftragte.de/fileadmin/dateien-dba/Service/Publikationen/Drogen_und_Suchtbericht_2011_110517_Drogenbeauftragte.pdf
3. http://drogenbeauftragte.de/fileadmin/dateien-dba/Service/Publikationen/BMG_Drogen-_und_Suchtbericht_2013_WEB_Gesamt.pdf
4. http://www.bka.de/DE/ThemenABisZ/Deliktsbereiche/Rauschgiftkriminalitaet/Lagebilder/lagebilder__node.html?__nnn=true
5. http://www.sueddeutsche.de/bayern/drogenschmuggel-von-tschechien-nach-bayern-teuflisches-kristall-1.1244764-2
6. http://www.thueringer-allgemeine.de/web/zgt/leben/detail/-/specific/Crystal-Meth-Welle-ueberrollt-Erfurt-724690151
7. http://www.spiegel.de/spiegel/spiegelspecial/d-39863547.html
8. http://drfeelgoodbook.com
9. http://www.dailymail.co.uk/tvshowbiz/article-2330012/How-Iron-Man-star-Robert-Downey-Jr-turned-life-prison-cocaine.html
10. http://www.gala.de/star/robert-downey-jr_17787.html
11. http://www.bezirkskliniken-oberfranken.de/pages/html/hochstadt/entwoehnungstherapie/start_entwoehnung.html
12. http://www.foxnews.com/entertainment/2011/10/21/lindsay-lohans-dad-says-shes-smoking-meth-or-crack/
13. http://voices.yahoo.com/lindsay-lohan-portrait-meth-addict-6516754.html
14. http://rocknewsdesk.com/world-news/cherones-van-halen-secret/4576/
15. http://open.salon.com/blog/the_murph/2011/03/29/the_ugly_and_unlistenable_death_spiral_of_eddie_van_halen
16. http://www.complex.com/pop-culture/2009/07/faces-of-meth-10-celebs-who-got-caught-with-crystal
17. http://drugscouts.de/de/lexikon/crystalmethamphetamin
18. http://einestages.spiegel.de/s/tb/28487/von-pervitin-bis-breaking-bad-die-karriere-der-droge-crystal-meth.html
19. http://www.rcpe.ac.uk/journal/issue/journal_35_1/Hitler%27s_medical_care.pdf

20. http://www.martinfrost.ws/htmlfiles/wakey.html
21. http://de.wikipedia.org/wiki/Ogata_Akira
22. https://de.wikipedia.org/wiki/Pervitin
23. http://psychic.vibe.free.fr/chim/Uncle_Fester_-_Secrets_Of_Methamphetamine_Manufacture_5th_Edition.pdf
24. http://en.wikipedia.org/wiki/Uncle_Fester_%28author%29
25. http://www.youtube.com/watch?v=0DtHoDwzx1s
26. http://www.zeit.de/sport/2010-10/bisp-doping-bern-1954
27. http://www.youtube.com/watch?v=tS20XJCuuxg
28. http://www.vice.com/de/read/news-amerikanische-crystal-meth-junkies-zuenden-sich-weiterhin-an
29. http://www.undergroundbound.net/index.php?option=com_content&view=article&id=85%3Anew-diy-meth-manufacturing-method-is-spreading&catid=35%3Atextual&lang=de
30. http://www.t-online.de/unterhaltung/stars/id_60623090/fergie-spricht-zum-ersten-mal-ueber-crystal-meth-sucht.html
31. http://www.sputnik.de/tagesupdate/crystal-meth
32. http://mindzone.info/drogen/crystal/
33. http://www.rbb-online.de/kontraste/archiv/kontraste-vom-15-08-2013/gefaehrlich-und-billig.html
34. http://www.focus.de/schlagwoerter/themen/c/crystal-meth/
35. http://www.welt.de/regionales/muenchen/article119846550/Soko-gegen-Schmuggel-von-Crystal-Meth-eingerichtet.html
36. http://www.welt.de/politik/ausland/article120131014/Bruessel-knoepft-sich-Koeche-der-Designerdrogen-vor.html
37. http://www.welt.de/politik/ausland/article120131014/Bruessel-knoepft-sich-Koeche-der-Designerdrogen-vor.html
38. http://www.stern.de/panorama/crystal-meth-variante-in-thailand-erdbeerdroge-soll-kinder-suechtig-machen-2054112.html
39. http://www.tvdigital.de/magazin/tv-aktuell/tv-doku-ueber-crystal-meth
40. http://chemistry.about.com/od/medicalhealth/a/crystalmeth.htm
41. http://www.n24.de/n24/Wissen/Gesundheit/d/2615426/die-modedroge-aus-dem-labor.html
42. http://science.howstuffworks.com/meth3.htm

43. http://www.pz-news.de/pforzheim_artikel,-Pforzheimer-schildert-Leben-mit-Modedroge-Crystal-Meth-_arid,434969.html
44. http://www.tlz.de/web/zgt/leben/detail/-/specific/Droge-Crystal-Meth-greift-in-Thueringen-um-sich-605042857
45. http://www.aerztezeitung.de/medizin/krankheiten/neuro-psychiatrische_krankheiten/suchtkrankheiten/article/843329/suchterkrankungen-crystal-meth-macht-rasch-psychisch-abhaengig.html
46. http://blogs.wsj.com/korearealtime/2013/08/20/north-korea-grapples-with-crystal-meth-epidemic/
47. http://www.br.de/radio/bayern2/sendungen/notizbuch/crystal-meth-droge-bayern-100.html
48. http://www.dradio.de/aktuell/2254056/
49. http://www.brigitte.de/frauen/gesellschaft/crystal-meth-droge-1167271/
50. http://www.stmug.bayern.de/gesundheit/aufklaerung_vorbeugung/giba/projekte/crystal_meth.htm
51. http://forum.suchtmittel.de/viewtopic.php?t=12058
52. http://www.hna.de/lokales/hofgeismar/droge-vormarsch-3110442.html
53. http://www.ndr.de/regional/niedersachsen/harz/verfolgungsjagd203.html
54. http://www.theguardian.com/world/2013/sep/16/australia-drugs
55. http://www.bbc.co.uk/news/magazine-23453028
56. http://www.drogen-info-berlin.de/htm/Crystal.html
57. http://www.zpg-bayern.de/crystal-meth.html
58. http://www.stop-crystal.de/crystal-speed-was-tun.html
59. http://www.radioeins.de/programm/sendungen/der_schoene_morgen/archiv/crystal_meth.html
60. http://www.tagesspiegel.de/wissen/drogen-crystal-meth-und-mathadon/6850234-3.html
61. http://www.focus.de/kultur/leben/drogen-die-dorf-zombies_aid_208637.html
62. http://www.welt.de/vermischtes/weltgeschehen/article108811892/Crystal-Meth-Das-Pulver-erscheint-so-harmlos.html
63. http://en.wikipedia.org/wiki/The_City_Addicted_to_Crystal_Meth
64. http://www.shortnews.de/id/1045996/usa-wie-in-breaking-bad-lehrerin-wollte-crystal-meth-verkaufen
65. http://www.stern.de/wissen/mensch/partydroge-crystal-meth-wenn-aus-menschen-zombies-werden-1940159.html

66. http://www.lifeormeth.com/#/meth-in-the-usa/4516242830
67. http://www.dradio.de/dlf/sendungen/corso/1576279/
68. http://www.co.eureka.nv.us/methsite/meth.html
69. http://news.yahoo.com/nazis-gave-us-crystal-meth-084000125.html
70. http://www.orchidrecoverycenter.com/crystal-meth-rehab/crystal-meth-abuse-in-the-united-states/
71. http://www.thesun.co.uk/sol/homepage/features/2577794/Crystal-meth-ruining-USA-and-is-on-the-way-here.html
72. http://www.usatoday.com/videos/news/nation/2013/06/28/2466659/
73. http://www.addictionsearch.com/treatment_articles/article/the-history-of-crystal-meth_58.html
74. http://www.reuters.com/article/2013/05/29/us-afghanistan-drugs-crystalmeth-idUSBRE94S0AO20130529
75. http://www.tagesanzeiger.ch/leben/gesellschaft/Wer-sich-Kokain-leisten-kann-kauft-kein-Meth-/story/24305683
76. http://www.narcoticnews.com/Meth-Prices-in-the-United-States-of-America.php
77. http://www.radiotimes.com/news/2013-09-02/breaking-bad-crystal-meth-addiction-has-decreased-since-the-show-began-says-us-drug-expert
78. http://www.taz.de/!113948/
79. http://www.juniordr.com/index.php/experiences/making-it-crystal-clear-the-myth-of-methamphetamine.html
80. http://www.projectknow.com/research/teen-crystal-meth-addiction/
81. http://www.sallyhoward.net/article.php?id=13&category=current_affairs
82. http://www.michaelshouse.com/crystal-meth-addiction/history/
83. http://www.soberforever.net/crystal-meth-addiction-rehab.cfm
84. http://www.globalpost.com/dispatch/mexico/090729/mexican-cartels-go-industrial-meth-production
85. http://www.zeit.de/2013/05/Modedroge-Crystal-Meth
86. http://www.berliner-zeitung.de/archiv/der-suchtstoff-meth-wird-aus-hustensaft-erzeugt--in-den-usa-sind-ihm-schon-viele-verfallen-eine-explosive-droge,10810590,10362986.html
87. http://drugabuse.com/library/the-effects-of-crystal-meth-use/
88. http://www.cracked.com/funny-2067-crystal-meth/

89. http://www.crystalmethbc.ca/
90. http://www.sueddeutsche.de/thema/Crystal_Meth
91. http://www.ncbi.nlm.nih.gov/pubmed/17567398
92. Crystal methamphetamine use among young adults in the USA.
93. Iritani BJ, Hallfors DD, Bauer DJ., Addiction. 2007 Jul;102(7):1102-13.
94. http://www.pharmawiki.ch/wiki/index.php?wiki=Methamphetamin
95. http://adplegal.com/practice-areas/new-york-drug-crime-lawyers/crystal-meth-charges/
96. http://www.news.de/panorama/855290326/vom-hitler-speed-zur-massendroge-crystal-meth-ueberschwemmt-den-markt/1/
97. http://io9.com/5989152/a-map-of-state+by+state-meth-incidents-in-2012--what-can-we-take-away
98. http://doku.to/sucht/drogen/die-gefaehrlichste-droge-der-welt-crystal-meth/
99. http://www.havocscope.com/tag/methamphetamine/
100. http://www.cdnaids.ca/factsheetcrystalmethandhiv
101. http://www.streetdrugs.org/html%20files/methamphetamine.html
102. http://www.dopestats.com/dopestats/template.jsp?drug=52
103. http://www.regensburg-digital.de/spd-forscher-kritisiert-marianne-schieders-kampfansage-gegen-crystal-meth/13092012/
104. http://www.merkur-online.de/aktuelles/welt/priester-legt-gestaendnis-gericht-crystal-meth-gedealt-zr-2831983.html
105. http://www.axisresidentialtreatment.com/crystal-meth-addiction/how-crystal-meth-makes-it-on-the-streets/
106. http://scallywagandvagabond.com/2011/07/hells-angel-member-who-once-made-4-million-a-year-cooking-crystal-meth-reflects-how-cooking-ice-eventually-made-him-crazy/
107. http://gangstersout.blogspot.de/2013/02/hells-angels-selling-crystal-meth-in.html
108. http://toxcenter.org/artikel/Ice-ist-Methylamphetamin.php
109. http://www.youtube.com/watch?v=xsgc1D5Deck
110. http://books.google.de/books?id=uY9MMqt5CSEC&pg=PT260&lpg=PT260&dq=crystal+meth+hells+angels&source=bl&ots=9fJmIyxrk0&sig=tpuFPN3_Oh3cJtymUUbcHZgC1X4&hl=de&sa=X&ei=5RBEUuHHKsyVswbu0oHQBg&ved=0CHAQ6AEwBzgK#v=onepage&q=crystal%20meth%20hells%20angels&f=false

111. http://browse.feedreader.com/c/Gangsters_Out_Blog/322948084
112. http://www.wlz-fz.de/Welt/Buntes/Uebersicht/Horror-Droge-Crystal-Meth-weckt-grosse-Sorge-in-Europa
113. http://dokuh.de/doku-online-stream/tag/crystal-meth/
114. http://www.rense.com/general60/curse.htm
115. http://www.investigatemagazine.com/oct03meth.htm
116. http://www.telegraph.co.uk/news/worldnews/centralamericaandthecaribbean/mexico/5900570/Drug-cartels-switch-to-trade-in-lucrative-crystal-meth.html
117. http://www.cbc.ca/news/canada/british-columbia/hells-angels-control-booming-crystal-meth-report-1.608063
118. http://www.experienceproject.com/stories/Tried-Crystal-Meth/808264
119. http://www.methinformation.org/html/overview.html
120. http://beforeitsnews.com/alternative/2013/06/nazi-war-junkies-crystal-meth-in-the-third-reich-beyond-2670824.html
121. http://www.biologie-seite.de/Biologie/N-Methylamphetamin
122. http://wandervogeldiary.wordpress.com/2013/06/02/thank-the-nazis/
123. http://www.myvideo.de/watch/8519443/Meth_Herstellung_in_Walmart
124. http://german.china.org.cn/china/2011-11/24/content_23998025.htm
125. http://www.drugs-forum.com/forum/showthread.php?t=106267
126. http://kochkocht.com/crystal-meth/
127. http://de.extpdf.com/crystal-meth-zubereitung-pdf.html
128. http://www.kabeleins.de/tv/achtung-kontrolle/videos/crystal-meth-aus-tschechien-ganze-folge
129. http://www.abendzeitung-muenchen.de/inhalt.rekordfund-von-crystal-meth-in-australien-gefaehrliche-droge-mit-langer-geschichte.abe29e88-5ae5-485f-873e-616e686f29dc.html
130. http://www.usatoday.com/story/news/nation/2012/10/11/mexico-cartels-meth/1626383/
131. http://abcnews.go.com/ABC_Univision/News/chapo-guzman-controls-meth-trafficking-us-asia-study/story?id=18865196
132. http://en.wikipedia.org/wiki/Colima_Cartel
133. http://en.wikipedia.org/wiki/Jesus_Amezcua_Contreras
134. http://www.borderlandbeat.com/2013/07/pucd-hang-mantas-denouncing-new-leader.html

135. http://articles.latimes.com/1998/jun/03/news/mn-56098
136. http://www.nytimes.com/1998/06/03/world/mexico-arrests-two-accused-of-flooding-the-us-with-speed.html
137. http://www.borderlandbeat.com/2010/08/colima-cartel.html
138. http://www.justice.gov/dea/pubs/pressrel/pr980602.htm
139. http://articles.latimes.com/2005/sep/24/world/fg-briefs24.3
140. http://de.wikipedia.org/wiki/Spun
141. http://www.youtube.com/watch?v=TKpRPJGWgRs
142. http://www.youtube.com/watch?v=bMVAEoZE6d0
143. http://www.artechock.de/film/text/kritik/s/spun.htm
144. http://www.breaking-bad.de/
145. http://de.wikipedia.org/wiki/Liste_der_Episoden_von_Breaking_Bad
146. http://de.wikipedia.org/wiki/Breaking_Bad
147. http://www.br.de/radio/bayern2/sendungen/notizbuch/crystal-meth-droge-bayern-102.html
148. http://www.taz.de/!117292/
149. http://www.youtube.com/watch?v=zDuSrkXJq1Q
150. http://www.youtube.com/watch?v=NDtVabwqd5A
151. http://www.radio.cz/de/rubrik/kaleidoskop/partydroge-mit-zerstoererischer-wirkung-pervitin-in-tschechien
152. http://www.drogenbeauftragte.de/drogen-und-sucht/suchtstoffuebergreifende-themen/betriebliche-suchtpraevention/prevwork/testseite.html
153. http://www.verfassungsschutz-bw.de/index.php?option=com_content&view=article&id=1163:scientology-wirbt-verstaerkt-mit-angeblicher-anti-drogen-kampagne-&catid=231:berichte-2013&Itemid=136
154. http://www.oregonlive.com/special/oregonian/meth/
155. http://www.methproject.org/
156. http://www.pbs.org/wgbh/pages/frontline/meth/
157. http://books.google.de/books/about/Interventions_for_Amphetamine_Misuse.html?id=u3bS2SUdDsUC&redir_esc=y
158. Heinrich Böll: *Briefe aus dem Krieg*, Verlag Kiepenheuer & Witsch 2001
159. Aldous Huxley: *Brave New World*, Fischer Taschenbuch Verlag, 66. Auflage 2012

160. Arte-Dokumentation: *Schlaflos im Krieg – Die pharmazeutische Waffe*, Regie: Sönke el Bitar (Länge: 51 Minuten)

161. http://www.youtube.com/watch?v=afyK1HSFfgw

162. http://www.arte.tv/guide/de/040534-000/schlaflos-im-krieg

WEITERFÜHRENDE LITERATUR

1. Richard Pates, Diane Riley: *Interventions for Amphetamine Misuse*, John Wiley & Sons 2009
2. Dany, Hans-Christian: *Speed, eine Gesellschaft auf Droge*, 2. Auflage, Edition Nautilus 2012
3. Oliver Hope: *Zwischen Kampf und Resignation: Die wahre Geschichte vom Kampf eines Vaters gegen die Drogensucht seines Sohnes*, Books on Demand 2013
4. Natascha (Pseudonym): *Seelenficker*, 4. Auflage, U books 2007

UNTER MITWIRKUNG VON DR. ROLAND HÄRTEL-PETRI

1. Härtel-Petri, Roland; Rodler, Ramon; Schmeisser, Ulrike, Steinmann Johannes; Wolfersdorf, Manfred: »Zunahme der Amphetamin- und Methamphetamin-induzierten Psychosen 1998–2000. Eine Untersuchung zur regionalen Häufigkeit insbesondere im Raum Bayreuth, Oberfranken«, *Psychiatrische Praxis*, Jan. 2005; 32(1):13-7
2. Datzer, Silke; Härtel-Petri, Roland; Schiller Martin; Wolfersdorf, Manfred: »Rückfallrate metamphetaminabhängiger PatientInnen nach niedrigschwelligem Drogenentzug – Ergebnisse einer mittelfristigen Katamnese«, *Suchttherapie*, 2002; 1:48-51
3. Härtel, R.; Schultheiß, P.; Wolfersdorf, M.: »Methamphetamine epidemic?«, Posterbeitrag: »The Future of Addiction Research and Treatment«, International Congress 1–2.10.1999 Mannheim/Universität Heidelberg
4. Härtel-Petri, R.; Schultheiß, P.; Wolfersdorf, M.: »Stimulantienabhängigkeit in Oberfranken weiter zunehmend: Zunahme der Abhängigen von ›Crystal-Speed‹ 1996–1999«, Posterbeitrag DGPPN-Kongress 21–25.11.2001, *Der Nervenarzt* 73, Supplement 1, S.151
5. Datzer, Silke: *Die Entzugsbehandlung amphetaminabhängiger Patienten. Ergebnisse einer Katamnese einer Station für niedrigschwelligen Drogenentzug.* Medizinische Dissertation, Universitat Ulm 2001
6. Härtel, R.; Schiller, M., Forster, S., Wolfersdorf, M.: »PatientInnen mit Methamphetamin-induzierten Psychosen. Kasuistiken«, in: Eckert, A.; Wolfersdorf, M. (Hrsg.): *Forschung in psychiatrischen Fachkrankenhäusern,* S. Roderer Verlag 2000, S. 147–150
7. Schmeisser, U.; Härtel-Petri, R.; Steinmann, J.; Wolfersdorf, M.: »Psychoedukation bei Sucht und Psychose, Kurzinterventionen bei stationären Entgiftungen«, in: *Psychiatrische Praxis* 2007; 34, S. 1; S. 52–54
8. Wunderlich, R.; Härtel-Petri, R.; Rodler, R.; Wolstein, J.; Wolfersdorf, M.: »Selbstbehandlungsversuche methamphetaminabhängiger Patienten – Längerfristige Katamnese stationär entgifteter Patienten«, in: *Nervenheilkunde*, 2008, Vol. 27 Suppl 11a, S. 34–35 (http://www.schattauer.de/en/magazine/subject-areas/journals-a-z/nervenheilkunde/contents/archive/issue/598/manuscript/10410/show.html)

DIE AUTOREN

Dr. Roland Härtel-Petri war Leitender Oberarzt der Abteilung für Klinische Suchtmedizin des Bezirkskrankenhauses Bayreuth. Er leitete über viele Jahre das Therapiezentrum für Alkohol-, Medikamenten- und Drogenabhängige in Hochstadt am Main und hat die in den USA erprobten Therapieansätze dort eingeführt. Heute betreibt er eine eigene Praxis für Psychotherapie und Psychiatrie in Bayreuth.

www.psychotherapie-haertel-petri.de
Tel. 0921/951519-21

Heiko Haupt lebt als freier Journalist und Autor in Hamburg. Er hat bereits zu diversen hochaktuellen Themen veröffentlicht und ist für seine journalistische Arbeit mehrfach ausgezeichnet worden – unter anderem mit dem Christophorus-Preis und dem Joseph-Ströbl-Preis. Er war als Redakteur und Ressortleiter außerdem an der Entwicklung des Themendienstes der Deutschen Presse-Agentur (dpa) beteiligt.